ズボラーさんの たのしい朝ごはん

料理 小田真規子
文 大野正人

文響社

おはようございます。
ズボラーさんといいます。
朝が、苦手です。
1分でも、長く寝ていたいです。

え？ 朝ごはん？
……はい、食べてません。
食べたとしても、テレビを見ながら
トーストにジャムを塗って水で流し込む感じです。
とりあえず、お腹がふくらめばいいっか。
そう思ってます。
さ、今日も一日、がんばるか……。

1
…
2
お腹すいた…
3
あっ肉まんもひとつください
711円でーす
4
モグモグ
モグモグ
カチャカチャ
ランチ行こ〜
キャッキャッ
5
おつかれ〜
おつかれっ！
6
7
ただいま〜
バタンッ
ズボラ
8
あ〜疲れた〜
べちゃッ
ニャーン
ズボラーさま
9
誰だろう差し出し人書いてないけど…
ビリビリッ
ニャーン

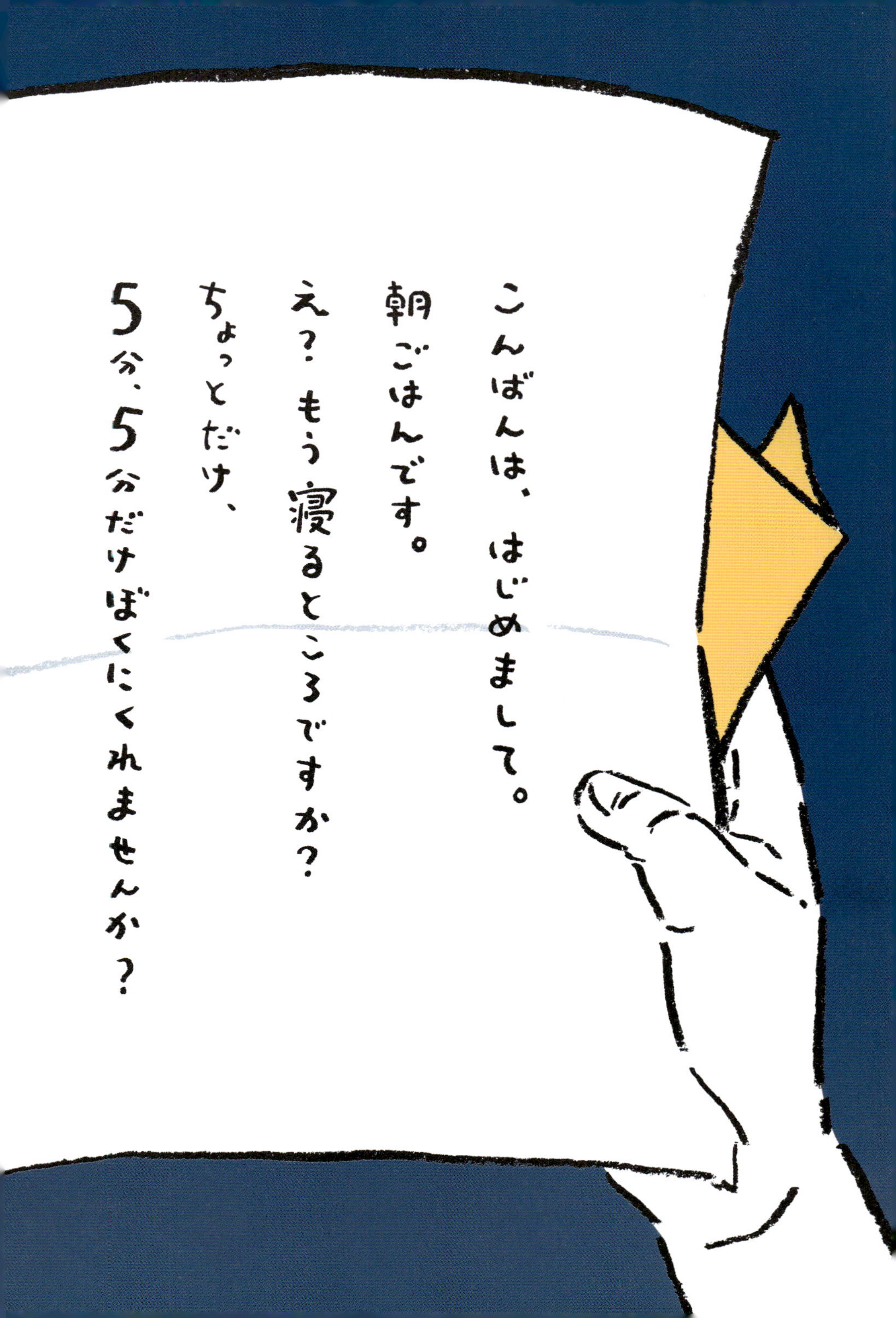
こんばんは、はじめまして。
朝ごはんです。
え？ もう寝るところですか？
ちょっとだけ、
5分、5分だけぼくにくれませんか？

その5分で、
あなたの明日を、
しあわせにすることができます。

明日の朝が待ち遠しくなる夜の5分のすごし方

「明日、何着て行こう？」そう考えて、
夜、クローゼットの中をのぞきますよね。
同じように「明日の朝、何食べよう？」と考えて、
朝ごはんのメニューを思い描いてみてください。
そして、夜に作っておけるものは、
ぜひ、準備してから眠りについてみてください。
「起きたら、フルーツサンドが食べられる！」
そう思うだけで、心の中の食いしん坊アラームが鳴り響き、
朝、いつもよりすっきりと目覚められます。

メニューを選んでおく

食べるとテンションが上がる、好きなもの。最近食べてないもの。作ってみたいもの。足りてないと思う栄養。どんなものでも構いません。パラパラめくって、夜の新しい習慣にしてみてください。

準備しておく

本書のレシピは、前日の夜に準備をしておけるものもたくさん載っています。明日の朝、起きたての自分が楽しい気分になれるような、おいしいものを仕込んでおきましょう。

ズボラーする3つのコツ

ズボラーな気分に勝つための武器、
それはテンション。
そのために、本書のレシピは
いろいろな工夫をしています。
でも、さらにこれらに気をつければ、
もっとズボラに朝ごはんが楽しめますよ。

洗い物を減らす

たとえばマグカップ1つですむ、スープ朝ごはん。マグカップの中で作れば、余計な洗い物は出ませんよね。ほかにもおにぎりをお皿に盛るとき、下に青じそなどを敷けば、ごはんのこびりつきが防げます。

作りたくなーい。
でもおいしいもの
食べたーい。

まな板を使わない

朝から扱うのがめんどくさい、まな板。少し切るくらいなら、まな板を使わず、4つ折にしたペーパータオルの上で切るというワザも有効。なるべく切らずにちぎったり、キッチンバサミで切ったりすると、包丁もあまり使わずにすみます。

火を使わない

火を使うということは、フライパンなどの調理器具を使うということ。「焼く」「炒める」「洗う」時間をカットし、素材そのままを楽しむ料理を増やすという手も。電子レンジも助けてくれます。

朝ごはんトレイを作る

朝ごはんをもっと楽しく食べるために、冷蔵庫の中に特別なスペースを作ってあげるのがおすすめ。パンやヨーグルトなど、まとめておくことで「あ、ヨーグルト買わなきゃ」と、足りないものにすぐ気づけます。すると、買い物に行ったとき意識が向きやすいので、結果的にラクに朝ごはん習慣が身につくんです。

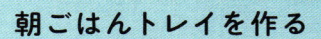

もくじ

〇〇するだけ朝ごはん…68

元気が目覚める朝ごはん

［本書のレシピについて］

・本書に表示した大さじ1は15mℓ、小さじ1は5mℓ、1カップは200mℓです。
・作り方の中に「ふたをする」という表記がない場合は、ふたをせずに調理してください。
・「ペーパー」という表記は、ペーパータオルのことです。
・火加減と加熱時間は、料理の仕上がりを左右する大事な要素。そのため、わかりやすいよう、おもに赤字になっています。
・調理時間は目安です。「ササッと」マークは5分以下で作れる、平日朝におすすめのメニュー。「ごめんね」マークは6分以上で作る、休日や前日夜作るのがおすすめのメニューです。
・電子レンジの加熱時間は600Wを基準にしています。500Wの場合は加熱時間を約1.2倍にしてください。機種やメーカーによって差があるので様子を見ながら調節してください。

さあ、明日、何食べる？

月曜日のスイッチ朝ごはん

何か新しいことを始めたい。今の自分を変えたい。
でも、最初の一歩を踏み出すのって、ちょっとめんどくさい……。
そんなとき、自分の気持ちを自動的に切り替えてくれるのが、
「始まりの時間」というスイッチです。
そして、もっとも身近に訪れる始まりの時間が「一週間の始まり」。
つまり「月曜日」です。
そこで、今週を元気にすごすスイッチをオンにするための
月曜日の朝ごはんを用意しました。
でも、月曜日を選ぶメリットは、気持ちを後押ししやすいだけじゃありません。
日曜の夜って、少しのんびりムードで時間が余っている人も多いと思います。
だから、前日の準備がしっかりできるのも大きなポイント。
少しだけ、明日の朝ごはんの準備をして、ゆっくり就寝。
そうすると、今まで、憂鬱な気持ちで目覚めていた月曜日の朝も
「やった、あの朝ごはんがこれから食べられる！」
と、自分でも驚くくらい元気に目覚めることができます。

朝からほっぺが落ちる覚悟を

夢に出てくる フルーツサンド

朝のフルーツは金。使い古されている言葉ですが、それが真実なんだから仕方ありません。

だって、果物に含まれる「果糖」は、体に負担をかけずに吸収されて消費される効率のいいエネルギー源。

そして何より、この料理のいいところは夜の準備で作業が終わり、朝は食べるだけでいい点。翌朝が待ち遠しくて、夢の中で食べきってしまうかも。

材料（1人分）

ササッと 5分

- 食パン（8枚切り）…2枚
- ミックスフルーツ缶（みかん・黄桃・パインなど）…100〜120g
- ホイップクリーム（市販）…大さじ8（48g）

作り方

①ミックスフルーツ缶は缶汁を切る。
②食パンにホイップクリーム半分量を塗り、①をのせる。
③残りのホイップクリームを塗り、食パンで②をサンドする。

フルーツサンド de 夢コントロール

どんなフルーツサンドを作るのか。今夜の選択によって、頭の中に残るイメージは変わります。さあ、今日はどんな夢を見たい？

練乳いちごミント

いちごの甘酸っぱさ、ミントの爽やかさ、練乳の甘さ。甘酸っぱくて爽やかで甘い。もう、こんなの青春ですよ、青春。好きだったあの人の気持ちがわからず悶々としたあの頃をふとんの中で！

バナナココアメープルバター

バナナとココアはまさに親友の関係。つまり、熱い友情、甘い友情、静かな友情。いろいろな友情の夢が見られるかも。お好みで、メープルシロップをホイップクリームに変えてもおいしいです。

りんごレーズンマヨヨーグルト

マヨネーズ・プレーンヨーグルトを各大さじ1、そこに小さじ1の砂糖で作るマヨヨーグルトソースがりんごの甘さを引き立てます。シャキシャキした食感なので、スピード感のある夢が見られるかも。

ズボラーさんの平謝り

コンビニで売ってるとろっと濃い目のプリンをサンドすると、
食パンの塩気とマッチしてこれまたうまいんです。
え？フルーツ入ってないって？あ、ほんとだ。すみません。

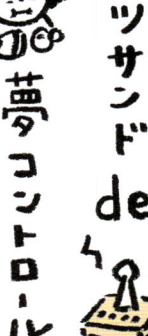

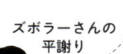

ゆで方を変えるだけで、パリッ！

最高食感ソーセージ

聞くだけでしあわせになる音ってありますよね。花火のドーン、小川のサラサラ、波のザザー。それに負けずとも劣らないのが、ソーセージのパリッ！　でも、家だとなかなかこのパリッ！　が出せず、誰もが悩み苦しんでいることと思います。

でももう大丈夫。沸騰した3カップのお湯にカップ半分の水を足して弱火に。するとお湯は80℃になり、このお湯でゆでれば散々悩み苦しんでいたパリッ！　問題は解決です。

さあ、部屋中に響かせましょう！　パリッ！

材料（1〜2人分）

・ソーセージ…6本
・粒マスタード…小さじ1〜2

ササッと5分（湯をわかす時間は除く）

作り方

①鍋に3カップの熱湯をわかし、1/2カップの水を加える。
②ソーセージを入れて、弱火で3分ゆでる。
③取り出して盛り付け、粒マスタードを添える。

食感マスターの研究史

私は、言わずと知れた食感マスター音良響（おとよしひびき）だ。
これから、私の長年の研究成果を発表する。
諸君、心して聞くように。

カリカリ♪ベーコン行進曲

ベーコンの食感と言えばカリカリがポイントだ。そのためには、ベーコン自身から出る脂で焼けばいい。つまり、油を引かずにベーコンを並べて焼く。そう、何かを為すにはまず自分の力でやることが大切だ。

シャキプリッ♪ハム狂騒曲

ハムの食感は、弾力と歯切れの良さからくる「プリッ」だ。これは、ハムを折って重ねて、3重以上にして噛むことで感じられる。さらに、そこに相棒レタスが加われば、無敵のシャキプリッが響き渡るぞ。

熱々、とろとろ、香り立つ

別世界ホットサンド

焼かずに食べてもいいけれど、焼く前とは別世界のおいしさが味わえるのがこのホットサンドです。

ポイントはフライパンで焼くこと。トースターで焼くとパンが反り返ってしまい、ちょっぴり残念な気持ちになるけれど、フライパンで焼けば、反りを抑えながら焼けます。

さらに、熱が表面だけに当たるため、外はさっくり熱々、中はしっとりに。

作り方

8枚切りの食パンに具材を挟み、半分に切ったあと、切り口を寄せて、中火で熱したフライパンにのせます。両面に焼き色がつくまで2〜3分ずつ焼きます。

ホットサンドの世界を探検

見てくださいよ。
この、見事に積み重ねられたホットサンドの美しい断面。
これは「あらかじめ半分に切ってから、焼く」ことで実現します。
焼いてから半分に切ると、断面がつぶれてしまうのです。
これさえ知っておけば、
あとは何を挟めばいいか迷うだけ!

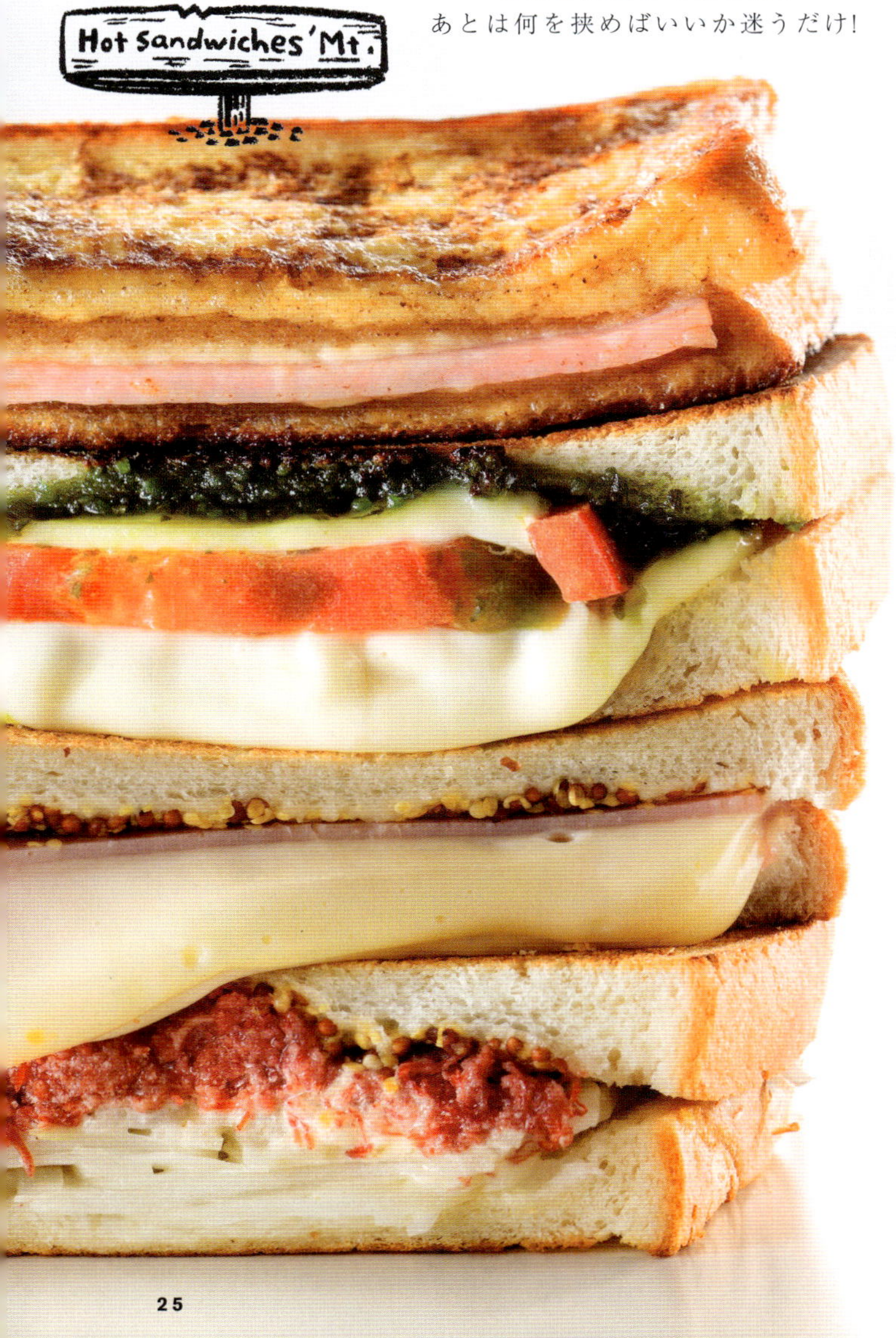

ハム・マヨ・フレンチトースト

ハムとマヨを挟み、半分に切る。そして、卵液(卵1個、牛乳大さじ2)にくぐらせてバターで焼く。うん美味。

トマト・バジル・チーズ

チーズの塩気、トマトの酸味にバジルが香る。バジルソースは買うだけで料理に変化を与えられて便利です。

ハム・チーズ・マスタード

とろけてはみ出るその秘密は、チーズの3枚使いによるもの。ちなみにハムも3枚使い。

コンビーフ・スライスオニオン

熱することで脂が溶けて、オニオンに絡む。これがおいしい! そこに粒マスタードとマヨネーズのアクセント。

アボカド・スモークサーモン・チーズ

薄切りスモークサーモンを見かけたらこれを作るチャンス! ちょいマヨ→アボカド→塩少々→サーモン→チーズの順に重ねるのが美。

ソーセージ・ピザソース・ミックスチーズ

ソーセージは縦半分に。チーズは50g、ピザソースは大さじ２と使い切る勢いでたっぷり。うまさと効率!

納豆・万能ねぎ・チーズ・しょうゆ

前作はトーストで紹介しましたが、今回はサンドにしました。あ、挟んだほうが食べやすかったです。すみません。

ベーコン・マヨネーズ・せん切りキャベツ

せん切りはもちろん前日に。熱で少ししんなりしたキャベツのおいしさは、確実に手間を超えてきます。

Hot Sandwiches' Hills

マシュマロ・ドライフルーツ

マシュマロはちぎって使いましょう。「弾力」というあまりない食感が楽しいサンドです。

ゆであずき・クリームチーズ・ナッツ

あずき→ナッツ→チーズの順で重ねましょう。味はたい焼きっぽくなります。だから、おいしさは保証付き。

買ってきたポテサラ

ポテトサラダにチーズとからし少々を加えれば、グッと上品な味に。熱すればまるでポテトクリームソース。

ホットサンドじゃないけれど

耳を落として四辺に牛乳を塗って、指の腹でつぶしながら閉じる。これで食べやすい耳なしサンドが作れます。でも焼いたらはがれてしまうので、そのまま食べて。

ズボラーさんの平謝り

熱々サンドイッチは食べたいけれど、パンに具材を挟むのがめんどくさい。だから、コンビニで買ってきたサンドイッチを、フライパンで軽く焼くんです。朝、買ってきた冷たいサンドイッチを食べる哀しみが、ごちそうに変わる魔法です。……いや、ただの知恵です。

サクサク×フレッシュ×クリーミー

材料3つだけ、サンデー

ササッと 3分

もちろん、バナナだけ食べたっておいしい。だけど、アイスとクッキーを合わせたらもっとおいしい。サンデーは、材料1つだけでは味わえない掛け算の美味なのです。

　ちなみにサンデーは、その昔、アメリカのとあるお店で評判だったアイスクリームのソースがけが、日曜に売られていたことが起源だと言われています。決して、材料が3つだからではありません。

チョコサンドクッキー・バナナ・アイス

究極系サンデー。すべての食材がすべての食材と相性抜群。いつものバナナなのに食べきるのが惜しい。

ボクは旬担当
フルーツの二郎
ボクがベースだよ
アイスの一之輔
余ったお菓子でもいいわよ
ポリポリ
食感の三津子

今日はどの3デー？

組み合わせに困ったらこちら。意外な組み合わせが意外な発見へとつながるかも？

1 アイス	×	2 フルーツ	×	3 食感
・ストロベリー		・いちご		・甘じょっぱいせんべい
・マンゴーシャーベット		・りんご		・グラノーラ
・チョコレート		・みかん		・グミ
・キャラメル		・ベリー類		・板チョコ
・抹茶		・桃		・コーンフレーク
・コーヒー		・ぶどう		・ナッツ
・ヨーグルト		・すいか		・ポテトチップ

パイ菓子・カットパイン・アイス

「おお、合う！」から始まり、気づけば完食。トロピカルな甘さが、朝から別世界に誘ってくれます。

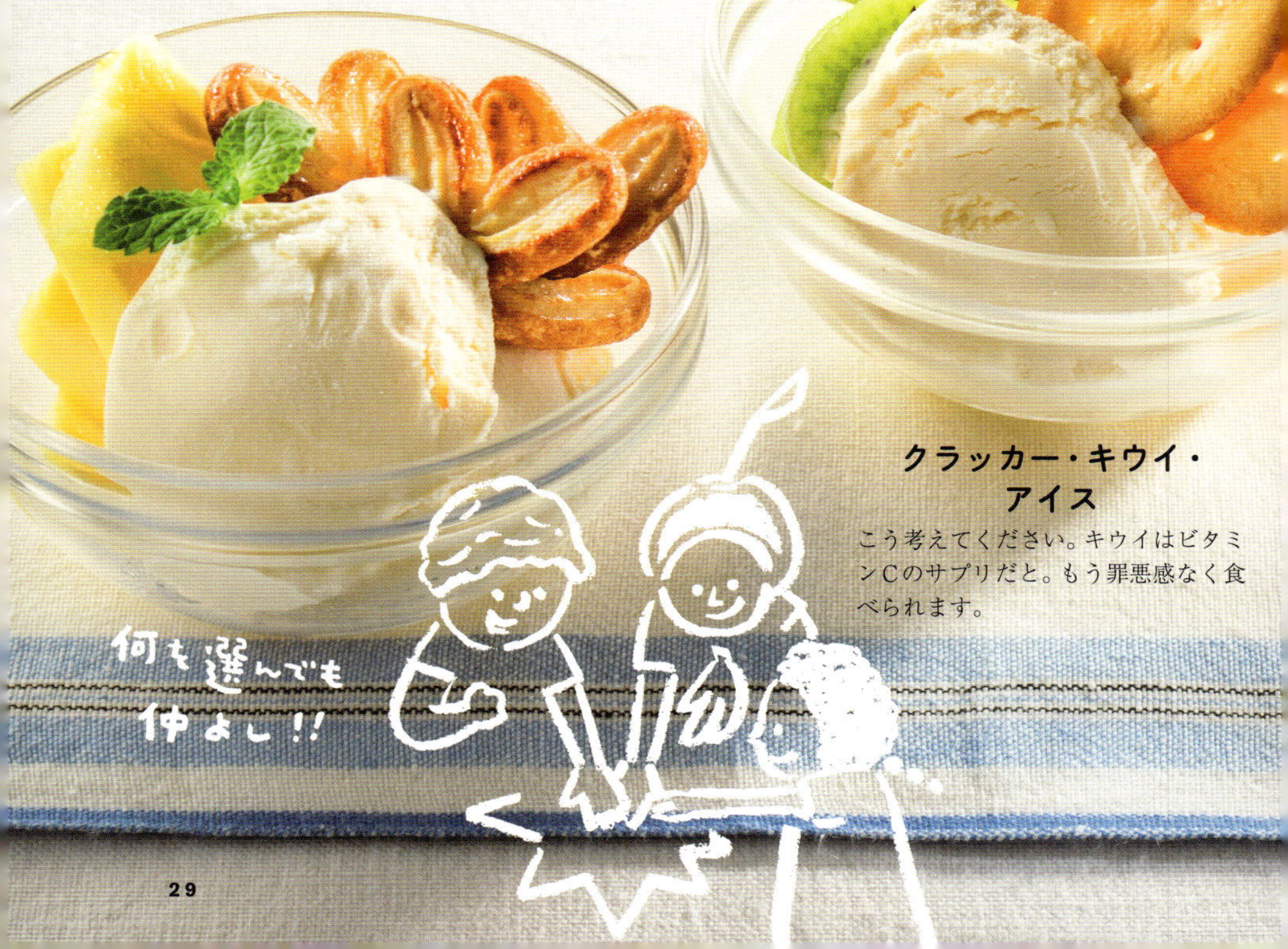

クラッカー・キウイ・アイス

こう考えてください。キウイはビタミンCのサプリだと。もう罪悪感なく食べられます。

甘みがギュッと濃縮された

なんちゃってコンポート

ごめんね 10分
（味をなじませる時間は除く）

「時間って魔法かも」なんて思うことありませんか？

あんなにツラかったはずなのに、もう平気。そんな時間の魔法を存分に感じられるのがじつは料理だったりします。

このメニューは、前日の夜に準備します。皮をむいたり切ったりした果物に、砂糖とレモン汁をかけたら、冷蔵庫で一晩寝かせます。

でも、夜のうちに、1つだけつまみ食いしてください。きっと砂糖の甘みと酸味をバラバラに感じるはずです。

でも、翌朝食べると、あらびっくり。甘みと酸味が仲よしこよしになっています。きっと、私たちが寝ている間に何かあったのでしょう。

つまり、このメニュー。つまみ食いまでが準備です。

深夜の妖精 大作戦！

私たちが寝ている間に、この妖精たちが、
おいしくしてくれていたみたい。
こっそり冷蔵庫の中をのぞいてみましょう。

妖精
トースイ・ド・ボン

あらかじめ作った糖水に、いろいろなフルーツを投げ込む妖精。

妖精
サトー・フリマキ

夜中、フルーツをバットに並べて、砂糖を降りかける妖精。

糖水を作りましょう

水3カップに100〜120g（水分の2〜3割）の砂糖を入れて混ぜ、中火で2〜3分煮立たせます。火を止めたら大きめに切った果物（400〜500g）と薄切りレモンを1/2個入れましょう。そのまま置いて、完全に冷めたら保存容器に移します。合うのはとくにバラ科の果物。りんご、いちご、あんず、桃など。この手の果物は甘さに当たり外れがあるので、甘くないと思ったら、切って糖水にドボン。10日間は持ちます。

食べたあとの残り汁は、炭酸水を注ぎジュースでどうぞ

トースイ・ド・ハマリー

ズボラーさんの平謝り

「グレープフルーツをひたすらむくのが、写経みたいで楽しい」って小田先生が言ってたの。大人の豊かな休日だよね。私も落ち着きたいのに、ズボラすぎてその境地まで行けない……。だからもっぱら、皮むき不要のいちごです。ヘタくらいは取ります。

朝、昼、夜と、3回おいしい

甘じょっぱい卵焼き

卵焼きが甘いと何がいいって、そりゃあなた、その秘めた可能性ですよ。

夕食でしょうゆをつければおつまみに。酢飯にも合うから、海鮮丼にだって入れられちゃう。もちろんお弁当にも最適！　もはや、おかず界のユーティリティープレーヤー。

少し余裕のある朝に、誰もが喜ぶ甘じょっぱい卵焼き。

ぜひ作ってみてください。

美しい＆ふっくら 一生役立つ卵焼き徹底レッスン

卵焼きを作るのが苦手な人、けっこう多いと思います。
そこで、一度覚えれば一生使える、失敗しないレシピを紹介します。
それに、時間はかかっても、3食分のおかずになるから、
結果的に時短になる……かも。

材料（2人分）

- 卵…4個
- A
  - 砂糖…大さじ2
  - しょうゆ…小さじ2
  - 水…大さじ1
- サラダ油…適宜

ごめんね 15分

作り方

①卵を割りほぐしAを加える。卵焼き器を中火で熱し、ペーパーに浸した油を塗る。一度火から外し、お玉1杯を流し入れる。火に戻し、縁が固まってきたらゴムベラで周囲をはがす。

②ゴムベラを使い、一巻目は奥から手前に三つ折りにする。

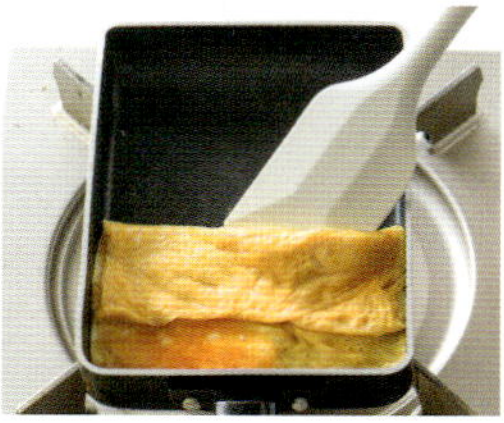

③卵を向こう側に寄せ、手前に油を塗り、お玉1杯弱を流す。

④焼けた卵の下に卵液を行き渡らせる。火に戻し30秒かけ外側をゴムベラで一回りはがす。再び手前に三つ折りにし、これを卵液がなくなるまで繰り返す。

⑤表面に焼き色をつけ、アルミ箔にとる。しっかり包んで形をととのえ、粗熱が取れるまでおく。

老舗喫茶店の卵焼きサンドイッチ

甘くてからしマヨのきいた卵焼きサンドイッチ。コーヒーの苦味と一緒に味わえば、それだけでここはセピア色の喫茶店。サンドイッチとコーヒーと読みかけの小説と。休日の午後、ゆったりと自分の世界に浸りたいときにどうぞ。

割って、砕いて、目で愛でて

ゆで卵6段活用

ササッと3分
（ゆでる時間は除く）

「あんな自分になりたい、こんな自分になりたい」誰もが持つ変身願望。でも、人はそう簡単に変われません。

それなのに、ゆで卵は、いとも簡単にいろいろな自分に変身できるのです。

でも、どんな姿になってもおいしいことは変わりません。姿が変わっても本質は変わらない。そこは、人間もゆで卵も同じですね。

ちなみに、半熟が好きな人

輪切りにして

ごま油、しょうゆをかけて、かいわれをのせれば、はい、おかず一品。

砕いてトッピング

手で砕いて、サラダのトッピングに。切らなくていい気軽さがおいしさにつながります。

は常温の卵を熱湯に入れて8分。かためが好きな人はゆで時間を12分にしてください。

味付け卵にして

ゆで卵を味付きに。水1/2カップとオイスターソース大さじ4、酢大さじ1、ごま油小さじ1、こしょう少々につけて半日で完成。

ピヨピヨ卵にして

白身をジグザグに切り、パカッと白身を取って、黄身にごま2つ。あら可愛い。

半分に切って

きれいな断面に刻みごま&ソースや、ラー油&塩などをかけて。

ざっくり割って

適当に手で割ってマヨネーズを添えるだけ。それだけでおいしくなってしまうのがズルい。

ズボラーさんの平謝り

ゆで卵って、本当に優秀ですよね。おいしくて、変幻自在で。まあ、私はそんな活用法を知っても、これからも、ただかじります。だって、ズボラだから。でも、家族がいたら、たぶんこのアイデアは喜ばれるんだろうなあ。うん、自分に向けて、やってみるか。

ごはんは○から□の時代へ

シートごはんの活躍

冷凍保存が好きな人、すなわち、レイトリアンの方々に、ぜひ、このワザを教えたい。

今までなんとなくボール状でごはんを冷凍していた方、厚さ1cm、スマホサイズの四角いシート状にしてみてください。

たったこれだけなのに、冷凍庫で積み上げて収納できるからかさばらない、そして、使ってみれば、即座にムラなく解凍でき、その形状からいろいろな料理が簡単に作れるのです。

四角いおにぎり

ササッと 5分
（ごはんを炊く時間は除く）

レンジで解凍したあとは、具をのせてのりで巻くだけ。ラップのまんま作れば、洗い物もナシ。

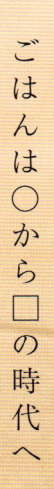

シートごはんの活動の幅

冷凍ごはんと似た使い方ですが、
じっさいに使ってみると、その便利さがわかります。

ごはんの原寸はこのくらい

肉巻きおにぎり

豚バラ薄切り肉4枚で凍ったごはんを巻きます。ごま油を熱したフライパンで両面2分ずつ焼いたら、水大さじ4、砂糖大さじ1、しょうゆ小さじ4を混ぜたものを入れて、4分ほど煮絡めていけば完成。お好みでからしを。

卵丼

凍ったごはんの上に、卵とめんつゆ、ちぎったのりをかけてレンジでチン。黄身を3か所ほどつぶして爆発を防いで。ラップなしで2〜2分半。

チーズドリア

フライパンにバターを熱し、凍ったごはんを両面2分ずつ焼き、こんがりおこげを作ります。牛乳1/2カップ、ベーコン2枚に、たっぷりのせたチーズが溶けるまでふたをして蒸し焼きに。オーブンを使わなくても味はドリア。

季節を感じよう！

マフィンカレンダー

「朝は食パンばっかり」という方、月に1回くらいは、マフィン、どうですか？丸くて、香ばしくて、いつもの朝に手軽に変化をもたらします。どうせなら「毎月1日は季節マフィンの日」と決めてみてはいかがでしょう。しょっぱい系にはマヨ、甘い系にはバターを塗って。

1月
January
睦月

初日の出マフィン

明太子と大根とかいわれで作った
初日の出。ありがたや〜

2月
February
如月

チョコいちごホイップマフィン

バレンタインの甘酸っぱさをチョコと
いちごで表現。ミントを添えると大人の恋

3月
March
弥生

炒り卵スナップエンドウあさり佃煮マフィン

ひな祭りの華やかさを演出。
はまぐりはめんどくさいから、あさり

4月
April
卯月

桜の塩漬けクリームチーズあずき抹茶マフィン

マフィンに舞い散る桜の塩気が
あずきの甘みを引き立たせます

5月
May
皐月

きゅうりとハムの鯉のぼりマフィン

風にそよぐ鯉のぼり。マヨネーズを塗れば鱗
も安定。薄切りきゅうりは重ねるとおいしい

6月
June
水無月

アジサイマフィン

ブルーベリージャム＆カッテージチーズ
の花にベビーリーフの緑。
梅雨の気分が吹き飛ぶ

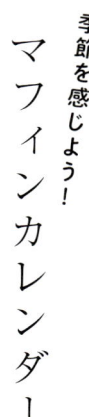

10月
October
神無月

かぼちゃでハロウィンマフィン

かぼちゃに砂糖とバターを合わせ満腹感。
恥ずかしがらずにTrick or Treat !

11月
November
霜月

りんごとレーズンのソテーマフィン

バターソテーでりんごの甘みを引き出します。
アーモンドが効いて、タルトですねこれは。

12月
December
師走

かにカマとブロッコリーの クリスマスマフィン

かにの季節です。カマだけどね。
緑と赤で、メリークリスマス!

7月
July
文月

しらすと桜えびの 塩昆布チーズマフィン

やった、海開きだ! だから海を食べましょう。
しらすの塩気が、パンにベストマッチ

8月
August
葉月

ホワイトアスパラの モンブランマフィン

山の日だ。白い山、モンブランだ。
口の中で溶けるアスパラが楽しい

9月
September
長月

バターしょうゆきのこマフィン

マッシュルームを
バターしょうゆソテーでいただきます。うーん秋!

勝つのは誰!?

究極と至高の朝ごはん対決

Q やっぱり朝は和食でしょ?

A 結局、好みと気持ちの問題です

水前寺だ。たいていの極論や差別意識というのは、片側の良いところを取り上げ、もう片側にその良いところが存在しないように語ることから生まれるものだ。

和食の良いところは、腹持ちの良さ、栄養の摂りやすさなどが挙げられるであろう。

対して洋食は、手軽さ、気軽さ。ほかにも、見た目の美しさを演出しやすいところも重要なポイントだろう。

何事も「これだ!」と決めつけず、どっしりと受け止め、何事も楽しもうとする。それが、朝ごはんをしあわせにする第一歩だ。

さて、今日の私の朝食は……何? エスニックじゃと! けしからん! 女将を呼べ!

Q 子どもが絶対に食べてくれる朝ごはんは？

A 子どもにとっておいしさは絶対ではありません

五反田だ。俺のおふくろの話をしてもいいかい？ 父親は、どうしようもなかったが、おふくろは、素晴らしい人だった。

俺が幼い頃、朝ごはんを食べたくないと駄々をこねたことがあったんだ。

そんなときおふくろは、一言も「食べろ」とは言わなかった。

ある朝、起きると「はい」と平皿を渡されて、自分で盛り付けをさせる。ある朝は、この本でも紹介しているが、トーストにチョコペンで絵を描かせる。

今思うと、おふくろは知っていたんだな。子どもにとって「おいしい」よりも「楽しい」のほうが大切だってことをね。

どんなに素晴らしい作品を作っているからといっても、それだけで人間として素晴らしいとは思ってはいけないように、おいしいから、食べてくれるなんて思わず、楽しむ工夫まで考えるようにしてあげるべきだろう。

Q 夜摂るより、朝摂ったほうがいい栄養って？

A 強いて挙げるなら、タンパク質と糖質です

保 まずは、タンパク質。寝ている間に冷えた体を温めるためにもタンパク質を摂るように心がけたほうがいいだろう。

錠太郎 甘いな保！ タンパク質以上に大切な栄養素のことを知らんのか！

保 くっ！ エラそうに。いったい、その栄養素は何だって言うのさ。

錠太郎 これだ！ （フリップ）

保 こ、これは！

錠太郎 そう、糖だ。朝は体のエネルギーが不足してる。だから、素早くエネルギーになる糖は必須というわけだ。つまり、これこそ朝に摂るべき王道栄養素というわけだ。がっはっは！

保 王道？ 1つの栄養素だけを挙げて王道と言うのは、ずいぶん狭い物の見方をするようになったものだな。

錠太郎 なんだと？

保 栄養において大事なのはバランス！ そこをまず訴えずに特定栄養素を押し出すなんて、どこぞの健康食品の広告塔にでも成り下がったのかい？

錠太郎 バランスなど語るまでもなかろう。当然のことだ。

保 その傲慢な考えで多くの人を苦しめていることが、まだわからないのか！

錠太郎 貴様のようなできの悪い息子にそんなことを言われる筋合いはないわ！

一同 ……仲の良い親子だ。

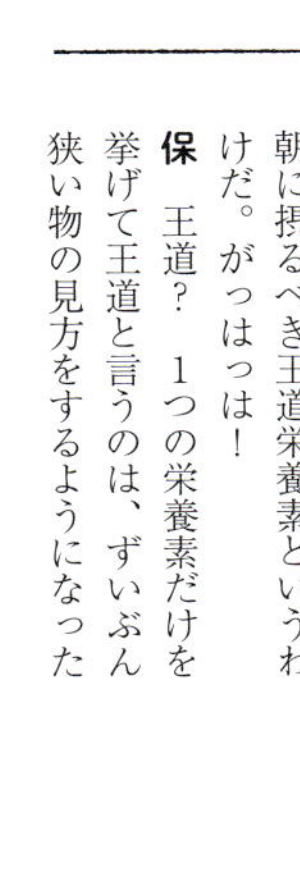

片手で食べられる朝ごはん

片手で持って食べる、おにぎりやパン。
それは朝ごはんの中でも、とくにお手軽な食事です。
きちんと椅子に座り、箸を持っていただくのとは違い
どこで、どんなポーズで食べたっていい、自由な食事です。
また、口に運ぶときに器をしっかり見なくても食べられるので、目も自由。
そう考えると、食べながらいろいろなことができるように思えませんか？
着る服を選びながら、パクパク。
窓の外の天気を確かめながら、モグモグ。
ごはんを作りながら、ムシャムシャ。
何なら、踊りながら食べたって許されます。
「お行儀悪いわね」と言われたって、いいじゃありませんか。
一日のスタートに、まじめな自分を解放する時間を作る。
この朝ごはんには、手軽さの中にそんな哲学も込められています。
お箸などのこまごました洗い物がないのも、ズボラでうれしい。

もっちり、なのに口の中でほどける

やさしいおにぎり

意識してほしいのは「にぎる」ではなく「結ぶ」です。お茶碗にラップを広げ、80gほどのごはんをのせる。塩をふたつまみ振ってから、ラップの口をきゅっと結ぶ。

ここでできた丸い形を、手で三角形にととのえます。でも、ギュッとにぎった尖った三角ではなく、ふわっと結んだやさしい三角。これが朝らしいおにぎり。

ごはんが軽く結び合う「おむすび」をめざせば、口ほどけもよく、愛らしい形になります。

米粒無双！ おにぎり55連発

「具のレパートリーが少なくて」とお悩みの方
任せてください！　そんなこともあろうかと、
55種類の味わいをご用意いたしました。
身近な食材も、組み合わせ次第で
新しい発見があるものです。
塩加減はお好みで。

1

オリーブ油混ぜ＋ブラックペッパー

オリーブの香り、こしょうの刺激のワンツーパンチ

2

ごま油混ぜ＋青じそ

韓国のり風味のあとに追いかける、その名もしそ！

3

カレー粉

思ったよりもカレー！
具はないけどね

4

こしょう＋粉チーズ

なじみの材料なのに、
食べたことのないおいしさ

5

ゆかり

国民的においしいから、
ゆかってみてね

6

白ごま＋黒ごま

白は芳醇。黒は香ばしさ。
こうして食べると意外と違う

7

梅干し+青のり

青のりがどことなくお茶風味で
なんとなく梅茶漬け

8

ちくわ+柚子こしょう

柚子がうまい、辛味がうまい。
最後にちくわのうまみがうまい

9

焼きたらこ

しっかり焼くより半生仕上げが
本格っぽい

10

鮭フレーク+のり

鮭ってじつは白身魚だよ

11

味噌+一味

一味が味噌をおかずに変えた!

12

しょうゆ+おかか

愛猫にもどうぞ。にゃー

13

**ツナ
+マヨネーズ**

コンビニで買うより
手作りがおいしい

14

キムチ

あー、その手があったか!

15

明太子+マヨネーズ

誰からも文句を言われない美味

16

しらす＋マヨネーズ＋青じそ

しらすを超えた、NEOしらす味

17

味噌＋クリームチーズ＋青じそ

名付けて「クリ味噌」。もはや新種の調味料

18

なめたけ＋万能ねぎ

なめたけはやっぱりおいしい

19

塩昆布＋白ごま

白ごまのプチプチ感が塩昆布とハイタッチ

20

のり佃煮＋七味

七味を入れることで佃煮の甘みが映える。いわゆるツンデレ

21

焼き鳥缶＋マヨネーズ＋粉山椒

「高級焼き鳥店監修おにぎり」っぽさがある

22

ザーサイ＋おろししょうが

これ、どうしてコンビニにないんだろう？

ごはんをボウルに入れて、混ぜごはんにするタイプのおにぎり。おいしいんだけど、ボウルの洗い物はめんどう。だから私は、炊飯器の中に具を入れてまぜまぜ。一気にたくさんできるから食べられなかったぶんは冷凍しておきます。お母さん、ごめんなさい。こんなズボラな子に育ってしまって。

23

たくあん＋マヨネーズ＋七味

コリコリ食感とマヨのコク。
七味はお好みで

24

冷凍から揚げ

片手で食べるお弁当だよね

25

冷凍シューマイ＋からし

冷凍シューマイって
こんなにおいしかったっけ？

26

焼きスパム＋のり＋粒マスタード

スパムにしかできない
おいしさだわ。こりゃ

27

乾燥わかめ＋柚子こしょう

柚子が香り立つ。
ああ、香りって調味料なんだ

28

乾燥わかめ＋梅干し

梅おにぎりに磯をプラス。
プリプリわかめが長ーく踊る

29

乾燥わかめ＋じゃこ＋白ごま

じゃこの中に小さなタコが
いるとうれしいよね

30

のり＋スライスチーズ

チーズのコク、香ばしいのり。
コクと香りの結婚式

31

のり＋じゃこ＋味噌

じゃこの中に小さなカニが
いるとうれしいよね

32

のり＋明太子

明太子とごはん、合いすぎ。
業務提携してるんじゃない？

33

青じそ＋梅干し＋白ごま

いつもの梅にぎりが爽やかに。
夏に食べたい味

34

青じそ＋鮭フレーク

鮭フレークは具にするより
混ぜたほうがおいしい

35

青じそ＋たくあん＋黒ごま

青じそのおかげで、子どもから
お年寄りまでイケる味に

36

万能ねぎ＋ザーサイ

ねぎの風味が
ものすごい来るから楽しい

37

万能ねぎ＋ツナ

マヨネーズ以外にも
僕の相棒はいるんです

38

万能ねぎ＋コンビーフ

このおにぎりがあれば、
ごはん何杯でも食べられる！

39

おかかじょうゆ＋塩昆布

故郷が見える味。
ふるさと納税しようかなぁ……

40

おかかじょうゆ＋梅干し＋わさび

定番の2つに「ツンッ」が加わり
やみつくよ

41

おかかじょうゆ＋ナッツ

さみしげなおかかの肩に
そっとナッツが手を添える

42

高菜＋ごま油＋白ごま

♪高菜、高菜、高菜〜、
高菜を食べると〜

43

しその実

お弁当箱がパッと
明るくなる緑

44

しば漬け＋黒ごま

塩味と酸味がごはんの甘味を
引き立てる

45

コーン＋バター＋しょうゆ＋こしょう

コーン、コンコン、
コーンの甘み!

46

生ハム＋バジル

肉巻きおにぎり。Versionハム

47

スライスチーズ＋のり

チーズとのりのW巻き。
これは使える

48

おぼろ昆布

だしをかじっている。
みたいなおいしさ

49

オムライスにぎり（ごはんはケチャップ＋ツナ）

見た目だけで、もううれしい

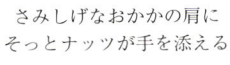

50

焼肉のたれ＋レタス巻き

見えない肉を感じる……！

51

カリカリベーコン＋からし

意外とやってないでしょ？

52

ポテトチップ

まずはのり塩で、次は自由に

53

紅しょうが＋黒ごま

たこ焼きパーティーの翌朝に

54

梅干し＋冷凍枝豆

枝豆の本当の
おいしさを知るのは
この食べ方かもしれない

55

3万5千人の神様

お米1粒に7人の神様がいます。
おにぎり1つだと
約3万5千人の神様がいます

朝のおにぎり

「少し多すぎない?」

テーブルの上にはすでに10個以上のおにぎりが並んでいる。

梅、鮭、おかか、そしてツナ。定番のものから、中にはポテトチップやミックスナッツのおにぎりまである。まるで、この世のすべてをご飯で包もうとしているようだ。

「でも、おにぎりがたくさん並んでいるのを見るだけでも幸せな気分にならない? ピクニックの前みたいで」

彼女は微笑み、12個目のおにぎりを握り終え、テーブルに置いた。

「そうかもしれない」

朝の光が差し込むテーブルにずらりと並んだ12個のおにぎり。たしかにピクニックみたいだ。

「じゃあ、そろそろ行くね」

彼女はエプロンを外しながら言った。

「今度、いつ会えるかな?」

「わからない。また、連絡するね。余ったら、そのまま冷凍庫に入れとけばいいから」

彼女が出て行った後に残されたおにぎりは、急に自分の居場所を失ったようで、どこかそわそわしているように見えた。【続く】

みずみずしくって、軽快で

夜切り野菜スティック

ポリポリポリ
ポリポリ
ポリ

スティック野菜四天王見参!!

ササッと5分

ポリポリ。ポリポリ。
野菜を食べましょう。
ポリポリ。ポリポリ。
片手で食べましょう。
ポリポリ。ポリポリ。
あれ？　なんだろう。
野菜だけで満足する。
ポリポリ。ポリポリ。
たくさん噛むからだ。
噛むとお腹が満足だ。

ズッキーニ
生で食べるという驚き。かぼちゃの仲間なので栄養も良し!

きゅうり
王道。脂肪分解酵素の発見で再注目!

パプリカ、にんじん
ビタミンEに食物繊維など栄養豊富。色も!

ポリポリ

惜しくも落選した方々

カブ
スティックにしづらい

大根
皮をむかないといけない

レタス
片手だとポロポロ崩れる

でも、彼らもおいしいから、
機会があったら使ってあげてくださいね

ディップ大臣のぼやき

喝!
あっさりしすぎる王に
刺激を与える大臣じゃ

豆腐・明太子

木綿豆腐と明太子は1:1の割合で。そこにサラダ油をちょい足しでなめらかに。

すっぱい小言と
スパイスのきいた意見を
王に与えるぞ

ヨーグルト・カレー粉・塩

プレーンヨーグルト大さじ3、塩とカレー粉を小さじ1/2、サラダ油小さじ1でスパイシーディップに。

小言にも爽やかさと涙。
それが信条じゃ

大根おろし・マヨネーズ・わさび

大さじ2の大根おろしとマヨネーズ。そこにわさびを小さじ1/2。マヨを忘れるあっさり味。

わしらが補佐せんと、
王だけでは
食えんじゃろうが!

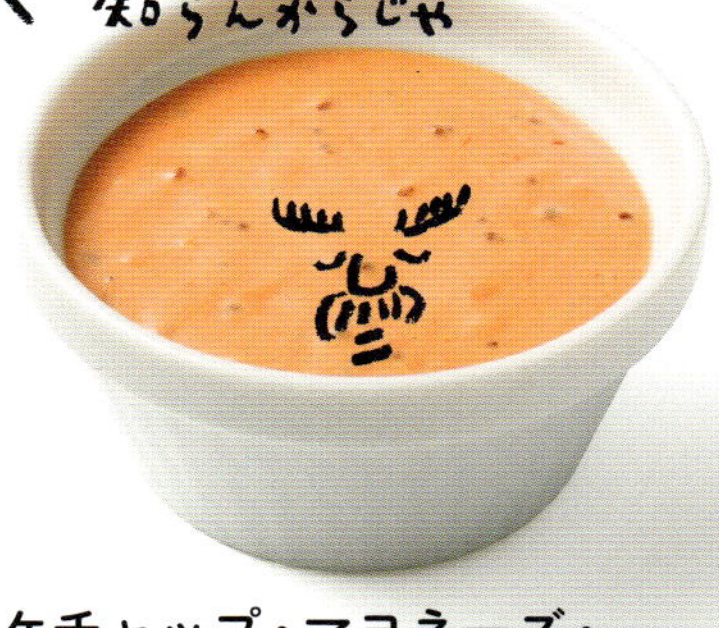
「普通」と言われるが、
それは「普通」の偉大さを
知らんからじゃ

ケチャップ・マヨネーズ・粒マスタード

ケチャップ大さじ2、マヨネーズ大さじ1、粒マスタード小さじ1。やっぱりおいしい味。

王に対して
どうも甘くなって
しまうのが悩みじゃ

マヨネーズ・おろししょうが・はちみつ

マヨネーズ大さじ3に、はちみつ小さじ2。しょうが小さじ1で、ハニマヨジン。

ズボラーさんの平謝り

洗い物したくないから、私、ディップは塩派です。
塩に、カレー粉と、砂糖をひとつまみ入れるだけで「なんだこれ」なおいしさだってこと、
小田先生に教えてもらったんです。甘じょっぱい味付けに手が止まらなくって、先日、遅刻しました。

蒸したても、冷めてもおいしい

ふかふか中華蒸しパン

中華蒸しパンが、フライパンで作れます！　まるでごはんのように、しょっぱいおかずとよく合う、シンプルでふかふかの蒸しパンです。

そう、シンプルだから、好みに合わせてアレンジも自在。たとえば、レシピにある小さじ2杯のサラダ油をバターに変えれば、ちょっと洋風で、生地の甘さが引き立つ蒸しパンに変わります。

また、牛乳をトマトジュースに変えると、ピンク色で可愛く、生地が詰まった感じになるのも魅力です。

朝からオリジナリティーの見せ所。さあ、何で作る？

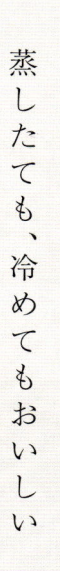

材料（4個分）

A 薄力粉…100g
ベーキングパウダー…小さじ2
砂糖…大さじ1
塩…少々

• 牛乳…60g
• サラダ油…小さじ2

ごめんね 20分
（生地を寝かす時間は除く）

手につきやすいときは手粉をつけてね

作り方

①Aをボウルで混ぜ、中央を空けて牛乳を注ぐ。中央から粉を崩し、半分ほど牛乳に浸ったら油を加え、よく混ぜる。
②まとまったら約3分こねる。
③生地をまとめラップをし、室温で20分置く。4つに丸める。
④直径20cmのフライパンに油小さじ1をひき③を並べる。
⑤中火で3分焼いたら、水3/4カップを注ぐ。
⑥ふたをして中火で8〜9分蒸し焼きに。最後にふたを取り、水分を飛ばしてカリッと焼く。

MUSHIPAN OKAZU COLLECTION

蒸しパンオカズコレクション

まるでごはんのように食べられる蒸しパン。だから、副菜といっしょにどうぞ。フライパンは埋まっているから、生で食べられる野菜を添えましょう。使う油を変えると、相性のいい野菜も変わります。

ごま油に変えると…

きゅうり

大根

かいわれ

バターに変えると…

レタス

ベビーリーフ

にんじん

オリーブ油に変えると…

トマト

パプリカ

セロリ

ズボラーさんの平謝り

朝から蒸しパン焼くなんてめんどくさい。わかります。でも、思い出して。中華まんの皮部分のおいしさ。あの皮だけ飽きるまで食べたい、って思ったことありません？ あ、ない？ 私だけ？ ……じゃあいいです。私のわがままで載せました。すみません。

そのまま食べてもいいけれど

クラッカーという選択

ササッと1分

袋を開ければ1秒で食べられるクラッカー。でも、ただ口に運ぶだけだと、なんだか無機質ですよね。

きっとクラッカーを買ったときのあなたは、おいしい何かをのせて、おいしく食べようと思っていたはずです。

大丈夫。何かをのせれば、何をのせてもおいしくなります。さあ、自分を、家族を喜ばせる選択を、クラッカーの上にのせましょう。

とりあえず、ジャム

コーンスープに浮かべて

クリームチーズ＋ナッツ
＋マーマレードジャム

チーズ＋ハム
＋青じそ＋粒マスタード

スライスチーズと
薄型チョコ

昨日の残りの
ポテトサラダ

クリームチーズ
＋のり
＋明太子

クラッカーと私

小田真規子

子どもの頃、年に一度だけ、朝にクラッカーを食べる日がありました。その日、私はいつもより早起きして、クラッカーに食材を盛り付けて用意します。そして、それが終わったら部屋の飾り付け。最後に家族みんなを起こします。年に一度のその日は、父の誕生日。だから、このメニューは私にとって特別な料理なのです。

バゲットでパリ気取り、だけど

和のオープンサンド

ササッと5分

バゲットにはハムとチーズ。またはジャム? ついつい決まった横文字のものばかりバゲットにのせている方は、こんな和の食材を試してみてはいかがでしょう?

「へぇ、意外に合うんだ」

このような日常の中の小さな挑戦とそこで得られる小さな刺激。しあわせってこういう感情を大切にすることから作られていくものです。

水菜・ちくわ・
わさび・マヨネーズ・しょうゆ
ミニトマト・福神漬・
青じそ・マヨネーズ・ごま油

私に日本は狭すぎる！

オープンサンド世界地図

日本を飛び出し、世界に目を向けてみました。
スーパーでも海外の食材が手に入りやすい日本。
朝から海外旅行に出発です！

きゅうり・蒸し鶏・パプリカ・パクチー
［カオマンガイ風］

口に入れた瞬間に広がるパクチーが一気に気持ちをタイへと誘う。

タイ

台湾

肉そぼろ・もやし・桜えび・パクチー
［ルーローファン風］

オーストラリア

メープルシロップ・バター・レーズン

バターを思いきってたっぷり塗って。甘さのパンチで誰もが気に入る味です。

ドイツ

ソーセージ・ザワークラウト・粒マスタード

休日に食べるとビールが飲みたくなる。そんな危険なドイツ味。

トルコ

きゅうり・牛肉薄切りソテー［ケバブ風］

しっかり塩こしょうした牛肉にクミンとパプリカのパウダーをかければ、ほらケバブ。ヨーグルトとオリーブ油のソースも合う。

イタリア

アンチョビ・ルッコラ・ミニトマト

このアンチョビの塩加減。まさにイタリア！ボンジョールノ！

バナナ・ベーコン

柔らかいバナナよりかたいバナナ。フルーツと肉の組み合わせが好きならぜひ。

アフリカ

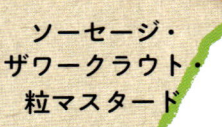

ピーナッツバター・ジャム

甘さと甘さの大競演。たまに食べるぶんには日本人にもおいしいよ。

ハム・パイン缶

酢豚にパイナップル。つねに論争になるけれど、これだと気にならない。

モルタデラハム

スパイシーなハムを食べて暑さを乗り切っているんだろうな。サンバの国では。

ズボラーさんの平謝り

朝から世界旅行なんて、気分がいいですよね。

でも、私はズボラだから、世界地図を見ながら、バターを塗ったバゲットをただかじる……。

味は、想像でなんとかなります。うそです。ちゃんと作ります。

トースト塗るもののトレイ

毎朝トーストを食べる人も多いと思います。それなら、トレイによく塗るものをひとまとめにして、冷蔵庫に入れておきましょう。

「それで何が変わるの？」

そう思う人もいるでしょう。でも、かなり変わります。楽しいのです。トーストしたパンを手に持って、たくさんのトッピングを目の前にする。これだけで楽しくなれるしかけなのです。

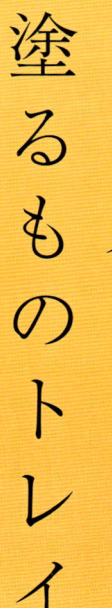

P11で紹介したように、朝ごはんの材料をまとめるのもおすすめ。

家族がいるなら、お互いが塗ったもので会話が生まれ、塗るもの追加会議などを開いて盛り上がるなど、ちょっとした絆作りに役立ちます。

ズボラーさんの平謝り

あれはまだ、冷蔵庫の中にバターやジャムが点在していた頃の話。何個も出すのがめんどくさい私は毎日ジャムトースト一択。でも、このトレイを作ってからは「一口目はバター。二口目はいちごジャム」と、まるでトーストが虹色に。簡単だけど、意外とやってない。そういうことって、まだあるんですね。

サンドでお菓子に大変身

パイ気分でクロワッサン

じつは、クロワッサンには、秘密があったのです。

ご存じの方も多いと思いますが、クロワッサンはバターの多い生地を何層にも重ねて作られています。

つまり、これはパイと同じ。すなわち、パイに使われている具材を挟めば、パイ風なサンドが作れるということ。

具材の適性を見極めた、まさに適材適所の見本的メニュー。そろそろ部下を持つ方はこれを食べながら、彼らの活かし方を考えてみましょう。

板チョコ・チョコソース・マシュマロ・バナナ

チョコレートパイ

ササッと 3分

ふわりとしたマシュマロにパリッとしたチョコ。この甘さにバナナの酸味が絡む。甘いものが好きならば、間違いなく「好き」と言わせる自信あり。

甘いだけがパイじゃない!

パイというのは奥深いもので、単なるスイーツではありません。しょっぱい味が好きな方は、こんなおかずパイを味わってみて。

チーズと一味と
マヨネーズでチーズパイ風

スライスチーズマヨネーズ

冷凍ハンバーグをチンして
ケチャップ、マスタードを挟めば

ハンバーグでミートパイ風

ホイップクリーム・
ベリー類・ミント

ミルフィーユ

食べた瞬間、「何の記念日だ！」と叫びたくなるほどのケーキ感。噛めば噛むほどミルフィーユのように至福の味わい。

カマンベールチーズ・
オレンジマーマレード・
アーモンド・シナモン

チーズクリームパイ

カマンベールの塩味とマーマレードの甘味が、お互いの中に潜む苦味を引き出す。でも、その苦味が心地よい。大人のチーズクリームパイです。

水分を摂っていこうよ

朝、飲み物のススメ

Q 朝は何か飲んだほうがいいの？

A ぜひ飲んでください

私、水沢さん。水の妖精よ。朝起きたとき、多くの人が私を欲するの。欲するくせに、私のことなんて、全然考えてくれないの。

だけどね、私だっていつまでも欲するがままに利用される女じゃなくてよ。

まず、睡眠中に多くの水分が失われているから、起きがけの体は渇水状態なの。

水分が失われると、血液はドロドロになり、お肌もカサカサ、もしくはベタベタ。つまり、美と健康の双方が損なわれてしまうのよ。

それから、水分を摂ることで、腸に仕事を与えることにもなるの。食物繊維を摂るのも大切だけど、じつは、私を優しくいただいてくれるだけでも、軽い便通改善効果もあるのよ。

さらに、朝は口の中が雑菌でいっぱい。だから、水分で潤してあげることも大切よ。最後のｋｉｓｓが雑菌のフレーバーなんてシャレにならないでしょ？　あ、もちろんちゃんとうがいをしてから飲んでほしいわよ。

どう？　もう、私なしでは生きられないことがわかったわよね。

Makiko's choice

おはようございます、小田真規子です。
今日は、私が愛する飲み物たちをご紹介します。

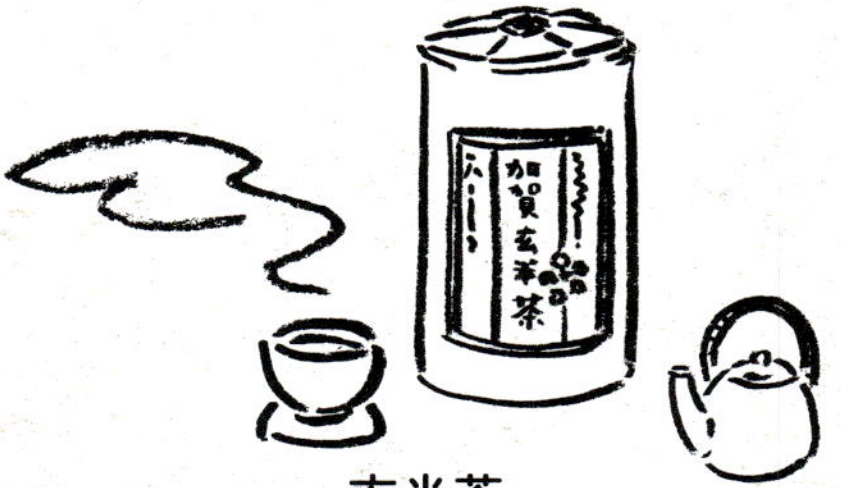

ルイボスティー

一番の特徴は長く飲めること。水筒の中でずっと煮出しておけます。酸味と甘味のバランスがよく、酸味が唾液を分泌するので食事も進みます。そして、煮出せば煮出すほど、エキスがいっぱい出てきます。お茶独自のエグみもなく、濃くなることがおいしさにつながります。カフェインレスだから、カフェインに弱い人にも。

玄米茶

おすすめは**丸八製茶場**のもの。栄養的には、期待するほどたくさんではありませんが、ビタミンCも摂れます。また、香りが良いので、気分が晴れやかになり、だんだんと目も冴えてくる感じがする、朝に最適な飲み物です。また、ごはんの香りがするので、満腹感があります。そのため、幸福感も感じやすいお茶です。

コーヒー

ジーノというメーカーのコーヒーは、とにかく香りが最高です。濃く出しても苦味や酸味や甘みのバランスが崩れず、薄く淹れても味がまとまっています。そのため、寝ぼけ眼で淹れても失敗せずいつもおいしく飲めるんです。朝は、副交感神経優位の睡眠から交感神経優位の日常へと変化させる時間。香りとカフェインで、シャキッと神経を切り替えられます。

深蒸し煎茶

おすすめは**茶味茶見**のお茶。茶葉の焙煎にこだわっているので、お湯の量や温度を気にせず難しい作法なしでいただけます。熱いお茶もおいしいのですが、おすすめは水出し。カップや湯のみに茶葉を入れ、水を注いでよく混ぜ、茶葉が沈んだらOK。甘くて濃厚で、なんだか香りをそのまま飲んでいるような感覚が味わえます。

フルーツティー

お腹がいっぱいになるように感じるので、忙しい朝にちょっと一杯。という飲み方でどうぞ。

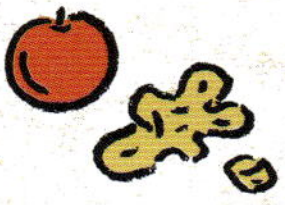

ジンジャーシロップ

紅茶に入れたり、炭酸水で割ったり、便利です。あると意外なところで重宝しますよ。

丸八製茶場…www.kagaboucha.co.jp　ジーノ…www.caffegino.com　茶味茶見…www.chamichami.com

○○するだけ
朝ごはん

「朝の1分には、夜の10分くらい価値がある」
そんなことを言う人もいるくらい、忙しい朝の時間は貴重です。
そこで、この章では、なるべく前日に準備しておいて、
朝はのせる、よそう、レンジでチンする、など
簡単なワンアクションで完成する朝ごはんをご紹介します。
中には、前日に作り終えて、
朝は「食べるだけ」「飲むだけ」で完結する料理もあります。
でも、ワンアクション加えることで、
炊飯器を開けたときの熱、具材の香りなど、五感を刺激する効果が得られます。
もし朝に何品も作る方がいたら、
その中の1品を「○○するだけ」に変えるだけで、
朝の時間がとてもラクになるはずです。
また、「朝から自分で作った」という達成感もおいしさを後押ししてくれます。
よりおいしく、よりしあわせに。でも、簡単に。
これが、この章で紹介する朝ごはんです。

予約して寝て、朝よそうだけ

炊きたて7品目ごはん

おかずとごはんがセットになっているのが、炊き込みごはんのいいところ。前日にタイマーをかければ、朝、ごはんの炊ける香りが目覚ましに。具材の中でもキーになるのが油揚げ。いろんな具材のうまみを吸い、コクも出します。お好みで青のりをかければ朝から7品目も摂れてしまうので、栄養面でもお得です。

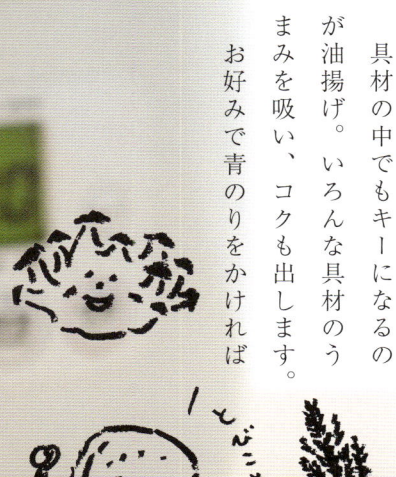

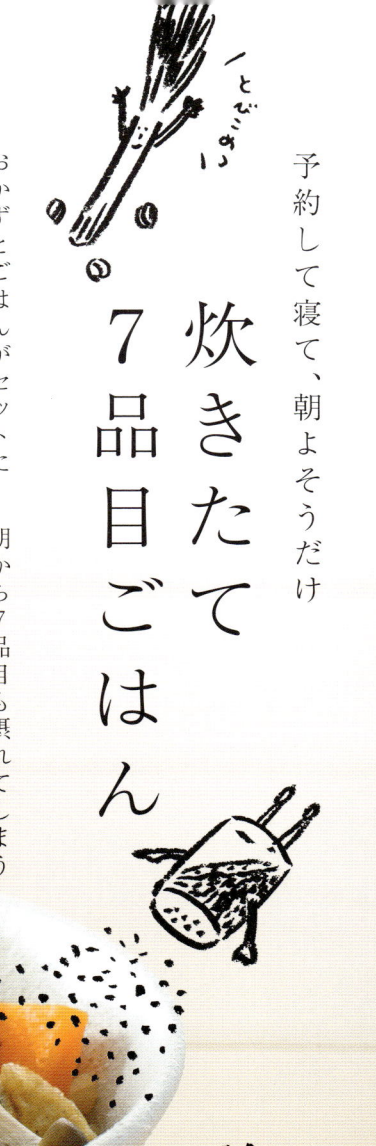

材料（2～3人分）

ごめんね 15分

- 米…2合
- にんじん…1/3本（50g）
- 長ねぎ…1/2本（50g）
- しめじ…1パック（100g）
- 油揚げ（油抜きする）…1枚
- ミニトマト…4個
- 乾燥ひじき…小さじ1
- しょうゆ…大さじ2

A
水…1と2/3カップ
しょうゆ…大さじ1
塩…小さじ1/2

作り方

①米をといでざるにあげる。
②にんじんは5㎜幅のいちょう、長ねぎは5㎜幅に切る。しめじは石づきを除き小房に分ける。油揚げは1㎝角に切る。しょうゆを加えてよく絡める。
③炊飯器に米を入れ、混ぜたAを注ぎ平らにし、②をのせる。
④ミニトマト、ひじきを加え、タイマーをセットする。

お茶碗とお箸で食べるお米の朝ごはんは食べ終えたときに、安心感をもたらしてくれます。そこで、人生の節目に力をくれる炊き込みごはんをご紹介。ふだんは白米かパン。でも、特別な日は炊き込みごはんです。7品目用意するのめんどくさい！という日にも。

大人への第一歩。晴れ晴れしつつも強いメンタルが必要。ということで、精神を安定させるセロトニンを増やすといわれるトリプトファン、ビタミンB群の多い食材を摂りましょう。

仕事。恋愛。友人関係。ワクワクするけどドキドキもする、初めての出会い。そんな日は、緊張をほぐすためにも、鉄分、ビタミンE、βカロテンを摂り、顔の血色をよくする食材をチョイスします。相手の緊張もほぐれるはず。

面接や試験には、記憶力と頭の冴えが必要。そこで、DHAや抗酸化ビタミン、βカロテンが摂れる食材で炊き込みましょう。緊張さえも楽しめる、クリアな頭でいざ！

ズボラーさんの平謝り

朝作った炊き込みごはん。そのまま保温して出かけて、帰ってきたら晩ごはんでもいただきます。そもそも、めちゃくちゃおいしいから飽きないんですけど、ちょっとごま油をたらしたり、のりをかけたりするだけでも「夕食」っぽくなります。あ、これ、朝ごはんの本だった。いっけねー。

Yesterday…

ちょいのせするだけ

昨日のおかず丼

ササッと 3分

昨日のおかず丼。これも立派な料理名です。

世の中には、数多くの料理が存在しますが、これほど、変幻自在な料理はありません。

「毎日食べているのに、毎日違うものなあんだ？」

答えは昨日のおかず丼です。でも、ただ昨日のおかずをのせるだけじゃありません。レタスに卵に納豆に。ちょいのせで変化をつけていただきましょう。

簡単！温泉卵作り

どんなおかずでも、温泉卵をトッピングしただけで、味に変化をもたらしてくれます。つまり、これを作るだけで、昨日のおかずが、昨日のおかずじゃない、「昨日のおかず丼」になるのです。

3カップの水を火にかけ沸騰したら火を止めて、水1/2カップを加えます。あらかじめ室温に戻しておいた卵2個を入れ、ふたをして8分放置。冷水で冷やしてから割り入れましょう。

ちょいのせで昨日のおかずをドレスアップ

野菜炒め
＋
納豆

焼き肉
＋
ごはんにごま油
＋
トマト

しょうが焼き
＋
レタス

＋
強い食材をプラス！
＝
もはや別の料理だ！
＋
昨日にはない香りをプラス！
胡麻油
鮮度をプラス！
＝
焼き肉が中華に変わる！
＋
シャキシャキ感をプラス！
＝
濃い味になった
をレタスで中和！

夜冷やして、朝食べるだけ

食パン アイスケーキ

美女、イケメン、祭り囃子《ばやし》。人を魅了するものってたくさんありますよね。もちろんケーキもその1つ。

「でも、朝からケーキって？」

そう思う人も多いことでしょう。そこでこのケーキ。スポンジの代わりにパンを使った甘さ控えめあっさりケーキ。

ヨーグルトの酸味に柔らかなパン。そのハーモニーのアクセントになるブルーベリー。甘酸っぱいけど、もたれない。これなら胃もたれせずに、甘いものを食べたい心も満たしてくれます。

材料（コンテナ1台分）

ごめんね 10分（冷やす時間は除く）

A
- 生クリーム…1/2カップ
- プレーンヨーグルト…1/2カップ
- ブルーベリージャム…100g
- 砂糖…20g

B
- 水…1/4カップ
- ブルーベリージャム…大さじ3

- 食パン（8枚切り）…3枚

作り方

①Aの生クリームはフォークで3分ほど泡立て、ヨーグルト・砂糖・ジャムを加えて混ぜる。
②食パンは耳を切り落とし、1枚を敷き込む。Bは混ぜておく。
③Bの1/3量をしみこませ、Aを半分量流し、これを繰り返す。
④食パンでふたをし、残りのBを注ぐ。冷凍庫に入れ、4～5時間冷やす。

DJミスアイスケーキのわがままリクエスト

今週も始まりました。DJミスアイスケーキのわがままリクエスト。早速お便りのほうから、紹介しましょう。

岐阜県 ラジオネーム 恋するカモミールティーちゃん からのリクエスト

いつも楽しく拝聴しています。好きな人を振り向かせるために、私はどうしても痩せたいのです。でも、痩せたい以上に甘いものを食べたい気持ちが抑えられません。助けて、DJ！

うん。わかりますよその気持ち。そういうときは満足感とヘルシーさを兼ねそなえたこちらがおすすめよ。

Type ヘルシー

A 絹ごし豆腐…200g
メープルシロップ…1/3カップ
プレーンヨーグルト…1/4カップ
レーズン…大さじ2
B 水…1/4カップ
メープルシロップ…大さじ2

Type 和風

A ゆであずき…200g
きなこ…大さじ4
B 豆乳…1と1/2カップ
砂糖…20g

※作り方は上と同じ。ゆであずきときなこは混ぜなくてOKです。

でもね、大切なのは痩せたあとのこと。
自信は自分を成長させるけど、過信は自分を堕落させるから気をつけてね。
そんなあなたに警鐘の気持ちも込めて送ります。
Bob Dylanで "Like a Rolling Stone."

ねえDJミスアイスケーキ。私のリクエストは、朝ごはんの時間を1分でも短縮したい、ってことなの。どうしたらいいのかしら？

そうね、そしたら、とりあえずこれをすすってみたらどうかしら？
スピッツで「ハチミツ」
もうアイスケーキは関係ないけどね。

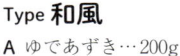

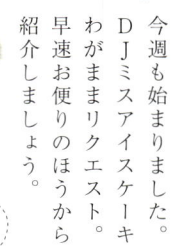

レンジでチンするだけ

熱々つるりん温奴

ササッと5分

豆腐のいいところは、やさしくて懐が深いところ。消化吸収に良いうえに、いろんな具材と合う、朝にぴったりの食材です。

温奴は、150g、つまり1/2丁の豆腐の上に、具材や調味料をのせ、1分半～2分チンするだけの超簡単料理。ラップはいりません。前日のうちに器に入れておけば、もっと簡単に作れます。あとはスプーンでつるり。熱々をハフハフいただきましょう。

バターじょうゆねぎ

お前……どうして今までやらなかったんだ! そんな味よく出せたな! センターだ!

チーズポン酢

豆腐だけだと淡白なのに、このコク。チーズか? ポン酢がうまみをふくらませてるな!

温奴・オン・ザ・ミュージック

これから君たちをプロデュースしていくわけだけど、
まず、最初に言っておく。君たちはまだ半人前だ。ただの1/2丁の豆腐だ!
でも、だからこそ君たちには無限の可能性がある!
まずはキャラ（具）を付けてあげよう。

ツナからしじょうゆ

ああ、軽いどんぶり飯みたいだ。
からしはたっぷりきかせたほうがいいぞ。

カレー粉マヨ中濃ソース

マヨの油でただのカレー粉がカレーになるのか! 食いしん坊キャラ決定だ!

梅マヨわかめ

もう1つ食べたいくらい、ほっとする。
こりゃあ人気が出るぞ!

なめたけしょうがごま油

やさしいようで、刺激もある。
みんなお前に翻弄されるぞ!

ズボラーさんの平謝り

温奴って、冷奴よりお料理感あるんですよね。なぜか。
私はいつも3個100円くらいのお豆腐を買ってるんですが、これを作りたい日の前日は、
パッケージに「濃厚」とか書いてあるのを選びます。とろけます。お金で買えるしあわせです。

夜混ぜて、朝飲むだけ

一晩寝かせるスープ

人は傷つくとやさしさを求めるものです。だから、胃腸が傷ついたときもきっとやさしさを求めているはずです。「最近疲れてるなあ」そんな気持ちになったとき、意外と胃腸は傷ついています。

こういう日は無理に食べずに、涙を拭うハンカチのようにやさしいスープで胃腸を気遣ってあげましょう。

メインは豆乳。胃にやさしいので負担にならず、大豆タンパク質は肝機能を高める効果もあるので、二日酔いにも最適です。

豆乳
トマトスープ

材料（1人分）

- 豆乳…1/2カップ
- トマトジュース（無塩）…1/2カップ
- 塩…小さじ1/4
- ラー油…3滴（お好みで）

ササッと 5分

作り方

①材料を混ぜ冷蔵庫で一晩冷やす。

豆乳カレー

- 豆乳…1カップ
- めんつゆ…小さじ2~3
- カレー粉…小さじ1/2

豆乳きゅうりおろし

- 豆乳…2/3カップ
- きゅうり…1/2本
- 塩…小さじ1/4
- オリーブ油…小さじ1

豆乳コーン

- 豆乳…1/2カップ
- コーンクリーム缶…100g
- 塩…小さじ1/4

スプーンおばさんの朝スープアドバイス

あらあら、お疲れね。そういうときこそスープを楽しんで。牛乳で作ってもいいけど、豆乳を使うと、材料を混ぜているだけなのに、料理を作った気持ちになれるの。ただの「おいしい」よりも作った「おいしい」のほうが、よりおいしく感じるわよ。

豆乳カレースープ

カレーのスパイスは言ってみれば薬膳。体を温め血流を良くしてくれるから疲れた体に最適よ。めんつゆで和風に仕上げることで飲みやすさもアップしているわ。

豆乳きゅうりおろしスープ

きゅうりをすりおろすって初めての体験じゃないかしら？ 大根みたいに味が変化するのか、それともきゅうりそのままの味なのか。答えは、すりおろせばわかるわ。

豆乳コーンスープ

豆乳で作ったコーンスープね。疲れているけど頭を使わなきゃならない日には、糖分多めのこのスープがおすすめよ。こしょうを効かせるのもアリね。スープくらいしか飲めないけど満足感もほしい。そんなときにもいいわね。

お皿に盛るだけ

重ねる常備菜

朝ごはんに野菜を食べたい。そうは思っていてもなかなか実現できないのが現実です。だったら、前もって作っておけばいいでしょ？　という料理が、この常備菜です。コンテナ型の保存容器に野菜を敷いて、じっくり一晩、寝かせておきましょう。

ポイントは、お肉も一緒に入れること。こうすることで、これを食べるだけで、朝に必要なタンパク質までしっかり摂れて満腹感も出るのです。

パンに添えてもいいですし、これだけガッツリ食べてもいい。元気いっぱいのサラダ。一度作ったら、5日間も持ちます。

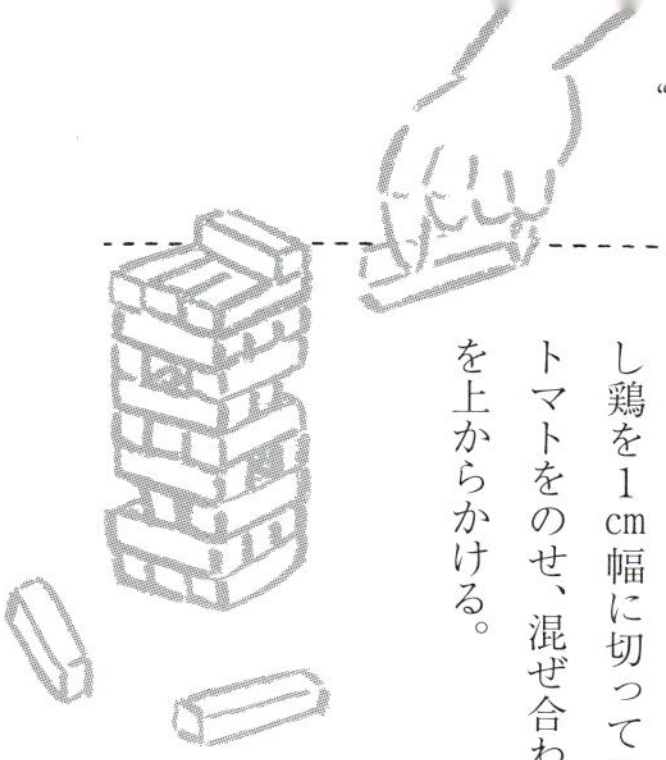

材料（作りやすい量）

- アボカド…1個
- 蒸し鶏（胸肉）…2枚（コンビニで買えるサラダチキンなど）
- トマト…1個

A
水・酢…各大さじ2
サラダ油…大さじ1
柚子こしょう…小さじ2

塩…小さじ1/2

作り方

①アボカドは薄切りにする。
②トマトはヘタを取り、1.5cm角に切る。
③保存容器にアボカドを並べ、蒸し鶏を1cm幅に切ってのせる。トマトをのせ、混ぜ合わせたAを上からかける。

ごめんね 15分

コンテナ太郎の重ねるレッスン

僕はコンテナ太郎。見ての通りロボットさ。コンテナ積み上げ30年。僕のことをただ荷物を重ねるだけのロボ、なんて言う人もいるけどさ。じつは、重ねるというのは、これで案外難しいものなんだぜ。重ねる順番1つで味が変わっちゃうからね。

- **・サニーレタス…2枚**
- **・ミックスビーンズ…100g**
- **・ツナ…小1缶（80g）**

★カレーマヨソース
マヨネーズ…大さじ4
しょうゆ・カレー粉…各小さじ1

シャバシャバのソースだと、レタスの水分が出ちゃう。そこでカレーマヨソース。とろみがあるから下まですぐに回らないんだ。だから食感長続き。食べるぶんだけ、その都度和えてね。

- **・トマト（輪切り）…2個分（300g）**
- **・もやし…1袋（150g）**
- **・ハム…50g**

★辛味だれ
ごま油・刻みごま・酢…各大さじ1
砂糖…小さじ2
しょうゆ…小さじ1
豆板醤・塩…各小さじ1/2

もやしはゆでずに小さじ1/4の塩を絡める。こうしてじっくり水分を出せば、シャキシャキ長持ち。細切りハムのしっとり感に、辛味だれのインパクトを重ねる。これぞ積み上げの妙さ。

ズボラーさんの平謝り

トマトはトマト。蒸し鶏は蒸し鶏。そのままでもおいしいから、わざわざ重ねなくたっていいじゃない。全国のズボラー仲間から、そんな声が聞こえてきたような。いや、きっと幻聴ね。だって、私たちだって、一人だとただのズボラーだけど、みんなが重なり合えばそれなりに素晴らし……。

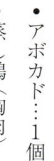

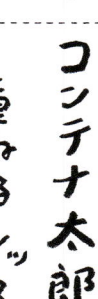

朝、甘みをかけるだけ

濃厚ヨーグルトデザート

まったりこってりなデザートを朝食に。何とも贅沢ですが、そうなるとみなさんの心の声が聞こえてきます。
「でも、お高いんでしょ〜」
いえいえ、お値段は据え置き。だって材料はヨーグルトです。大きめヨーグルトを買ったのに、なかなか食べきれないとき。いつものヨーグルトに飽きてきたとき。そんなときは、一晩水きりしておくだけで、朝、別物に変身しています。
コンビニでスイーツを買って帰るよりずっと安いのに、フレッシュで濃厚なおいしさです。

ティラミス風

クレメ・ダンジュ風

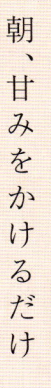

材料（作りやすい量）

・プレーン
ヨーグルト…200〜300g

サササッと 3分
（水気をきる時間は除く）

作り方

①ヨーグルトはペーパーを敷いたざるにのせて、一晩水きりする。

クレメ・ダンジュ風

器にヨーグルトを盛ってジャムをかけ、ベリー類、ミントを添え粉砂糖をお好みで振る。

ティラミス風

砂糖（大さじ2）、インスタントコーヒー（小さじ1）を、ぬるま湯（大さじ1）で溶いてソースを作る。器にヨーグルトを盛り、ソースをかける。仕上げにココアを振る。

水きりはこうする

ざるにペーパーを敷いて、ヨーグルトをのせます。ざるより小さめのボウルを下に置いて水受けにして。

ホエ〜をのも〜

水きりしたときに出る水分。これはホエー（乳清）と言って、ヨーグルトから溶け出したカルシウムやタンパク質、乳酸菌が含まれています。すなわち、捨てずに飲まなきゃもったいないもの。ってことで、「糖分」を加えて、おいしくいただきましょう。

練乳

練乳でミルクっぽさが復活するから、まるで飲むヨーグルトみたい、ホエ〜。

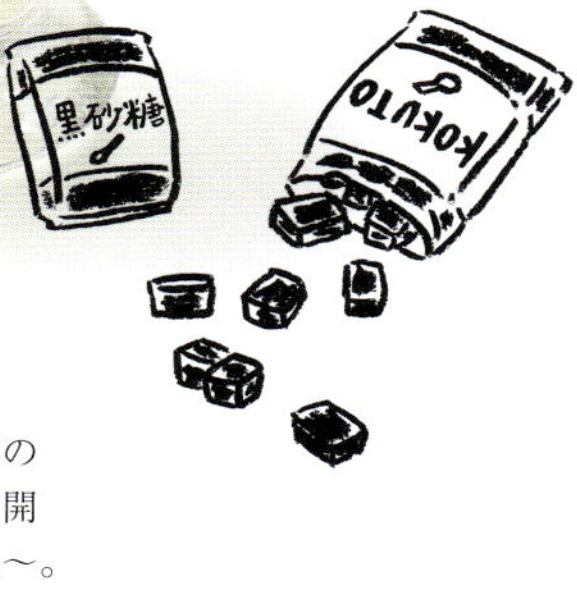

黒砂糖

こってりと甘いけれどどこか落ち着きのあるおいしさ、ホエ〜。

はちみつ

鼻の奥に抜ける花の香りが、朝の気分を開かせてくれて、ホエ〜。

元気が目覚める朝ごはん

朝ごはんは、自由です。
食べるのも食べないのも自由です。
だけど、せっかく食べるなら、
体でも気持ちでもいい、あなたにプラスになるものを食べてほしい。
そこで、この章の朝ごはんです。
自分や家族が「最近外食ばかりだな」「なんか疲れてるな」と感じたとき。
サプリのように、朝ごはんを選んでみてはいかがでしょう。
栄養のことがよくわからなくても、
落ち着いた夜の時間に、しっかりと体の声に耳を澄ましてみれば、
意外と今摂るべき栄養素が見えてくるものです。
また、朝のうちにしっかり栄養を摂っておけば、
昼と夜の食事が自由になる。そんなしあわせもあるのです。

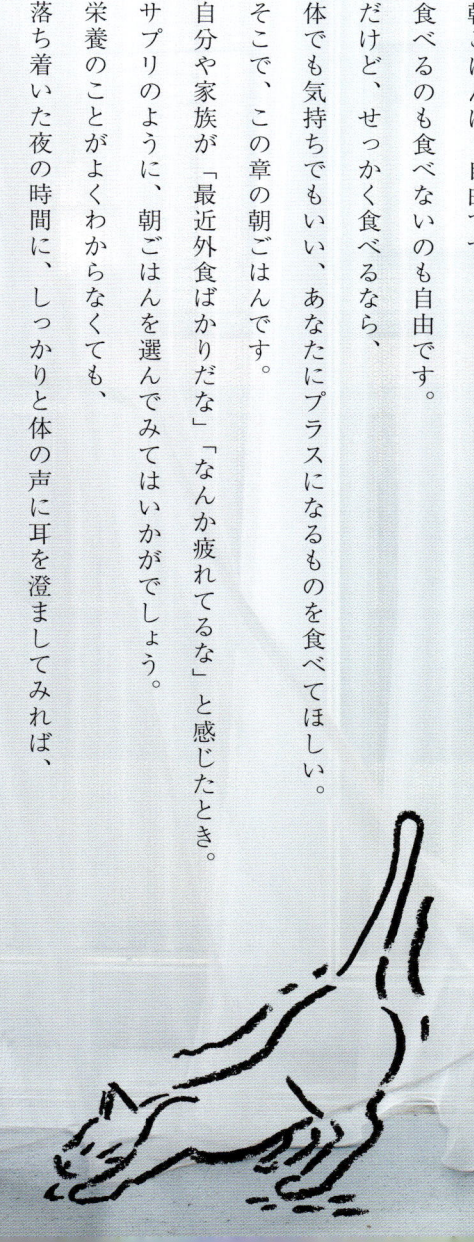

シンプルなのに、完全栄養食

とろとろ巣ごもり卵

命そのものである卵は、元気になれる朝ごはんの必需品。タンパク質、ビタミン、ミネラル。高水準で栄養がととのった最強の食材です。

しかし、どんな人間にも欠点があるように、卵にだって欠点があります。それが、ビタミンCと食物繊維。

しかし、愛は欠点を慈しむことで深まります。卵の欠点も慈しみながら補うことで、より愛情深い料理へと変わります。

ビタミンCと食物繊維を含むキャベツ。さらに、カルシウムを含むチーズ。周囲をそんな愛情食材で包んだ結果、味にも変化が訪れます。周囲の食材が卵の火通りを絶妙にコントロールし、絶品のとろとろ具合に仕上がるのです。

材料（1人分）

- キャベツ…80〜100g
- 卵…1個
- サラダ油…小さじ1
- 粉チーズ…大さじ1
（またはミックスチーズ…20g）

ごめんね 7分

作り方

①キャベツは5mm幅のせん切りにする。

②フライパンに油を入れて、中火で1分ほど熱し、キャベツを入れて1分焼きつけ、1分炒める。

③しんなりしたら少し中央をあけて卵を割り、フライパンの中央にそっと流す。

④チーズを散らし、弱めの中火にし、ふたをして2分蒸し焼きにする。

⑤キャベツごとスライドさせて皿に盛り、お好みでケチャップをかける。

- Welcome to the Sugomori-Sou -

巣ごもり荘へようこそ

巣ごもり卵が集まったアパート巣ごもり荘。普通の目玉焼きに飽きた頃、ここに引っ越ししてみては？

万能ねぎ・じゃこ＋ミックスチーズ

最初に目玉焼きを作ります。卵白が固まってきた頃、まわりにミックスチーズ、じゃこ、万能ねぎを散らして。チーズがカリカリしてきたら完成。しょうゆが合う！ごはんにも合う！

トマト＋粉チーズ

トマト丸々1個をくし切りに。軽く焼いたら中央に卵を割り入れます。弱めの中火でふたをして2分蒸し焼きに。仕上げに塩こしょうと粉チーズ。オリーブ油を使うと、香りまでおいしい。

ポテトチップ・小松菜・塩昆布＋ミックスチーズ

2cm幅に切った小松菜と、荒く砕いたポテトチップを軽く炒め、しんなりしたら中央に卵を割り入れます。塩昆布、ミックスチーズを散らし、ふたをして弱めの中火で2分蒸し焼きに。仕上げに塩をひと振り。炒めポテチのうまみは想像以上です。

ボリュームサラダ

美肌・お通じ・集中力のおまけ付き

ササッと④分

体にいいから、サラダをたくさん食べたい。だけど、サラダだけだとすぐにお腹がすいちゃう。そこで、このサラダです。

お腹にたまりやすかったり、食感があったりする食材を使っているので、しっかりと満腹感が得られます。

そしてポイントは、野菜を食べやすいサイズに切っておくこと。そして、食べるときは、箸でもフォークでもなく、スプーンを使うこと。これで、一度に多くの量を口に運べるようになります。

さらにおまけで、いろんな効果も付けました。お悩みに合わせて、ぜひどうぞ。

お通じコース
たっぷり食物繊維サラダ

ミックスビーンズの食物繊維とヨーグルトの乳酸菌、水分多めの野菜を合わせているのもポイントです。

材料（1人分）

- ミックスビーンズ…100ｇ
- きゅうり…1本（100g）
- プレーンヨーグルト…大さじ3
- オリーブ油・酢…各小さじ1
- 塩…小さじ1/3
- カレー粉…小さじ1/2

サラダdeエステへようこそ

いらっしゃいませ〜。
何でもサラダで解決するサラダdeエステ。
今日はどんなお悩み？ うんうん。なるほどね。
それならこれをどうぞ〜。

美肌コース
ビタミンA&Cサラダ

パプリカにはビタミンA、Cが豊富。これらの栄養素は、お肌を丈夫にし、キメをととのえてくれ、美肌効果アップ。

材料（１人分）

- キャベツ…100ｇ
- パプリカ…1/2個（80ｇ）
- ロースハム…2枚
- マヨネーズ…大さじ3
- 酢…大さじ1/2
- はちみつ…小さじ1
- 塩…少々

集中力コース
良質アミノ酸サラダ

豆腐のタンパク質、アボカドの良質な脂肪酸は、ナッツに含まれるビタミンB群とともに、脳の働きを活発にし、集中力を高めます。腹持ちも良いので空腹で集中を乱されずにすみます。

材料（１人分）

- 豆腐…1/2丁（150g）
- アボカド…1/2個（80g）
- ミックスナッツ…20ｇ
- ごま油・しょうゆ…各小さじ2
- 酢…小さじ1

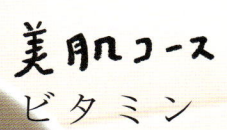

野菜を食べた充実感がほしいなら
サラダ味噌汁

野菜は食べたほうがいい。
そんなことはわかっている。
でも、気が進まない。実行に移せない。

このような野菜習慣難民が世の中にはあふれています。そんな野菜へのハードルを下げるにはどうすればいい？
そう、煮ればいいのです。味噌汁にしちゃえばいいのです。

生でも食べられる野菜を使えばすぐ煮えますし、ベーコンなどの加工品を使えばうまみが野菜をおいしくしてくれます。

150gの野菜をサラダで食べるのは大変。でもこうすれば一瞬です。瞬食です。

キャベツ・トマト・ソーセージ

材料（1人分）

- 水…1と1/2カップ
- キャベツ…80〜100g
- トマト…1/2個（80g）
- ソーセージ…2本（40g）
- 味噌…大さじ1〜2

ササッと 5分

作り方

①キャベツは2cm幅に切る。またはちぎる。トマトはくし切りに、ソーセージは斜めに切る。

②鍋にキャベツ、水を入れて中火にかけ、煮立ったらトマト、ソーセージを加えて弱火で2〜3分煮る。

③味噌を加えて溶きのばす。

味噌汁に！

レタス・もやし・パプリカ・ベーコン

ズボラーさんの平謝り

朝から野菜って、なんかストイックな人みたい。そんな偏見は捨てました。だって、朝からどっさり野菜を食べとけば、昼と夜は、お肉とかお菓子とかいっぱい食べてもいいってことよね？……ね？ ねえ、誰かいいって言って！ 許して！

味噌は、「調味料」というより「食べるもの」！

具なしでおいしい味噌汁

前のページでは、野菜にばかり注目していましたが、味噌だって忘れちゃならない健康食材。疲れて固形物がツラいときは、味噌汁だけでも元気が湧いてきます。

味噌マスター 大前田よねが語る。味噌とわしの365日。

日本の誇る大豆発酵調味料。
それが味噌じゃ。
大豆の良質なタンパク質を
消化吸収しやすい形で
いただけるのが味噌じゃ。
血液をサラサラにし、
動脈硬化を防げると
言われているのが味噌じゃ。
美肌効果やら、
がんリスクの軽減にも
効果があると噂されるのが
味噌じゃ。

とろろ味噌汁

食物繊維が多いだでな。腸をきれいにしてくれるわ。人間、出すもん出せば、元気で生きられるもんじゃ。悪いもんも、悪い気持ちも何事もため込んではいかん。

うちのじいさんがよ、
毎晩酒を飲んで帰ってくるもんだで、
毎朝二日酔いよ。わけぇ頃はそれでも朝飯を
食ってくれたもんじゃが、
年をとって「飲み物しか飲めん」言いよってな。
それでわしゃ、噛まずに飲める味噌汁を
ぎょうさんこさえたで、ちょっと見てくんろ。

ミルクしょうが味噌汁

ジンゲロール、ジンゲロン、ショウガオール。ここらへんのおかげで、じいさんもわしも体ぽかぽかじゃ。あ? だからいつまでも二人はアツアツなんですね。だって? 何言ってやがんだい!

大根おろし味噌汁

ジアスターゼちゅうもんがよ。胃腸をきれいにしてくれるだでな。じいさん、今年の健康診断も医者から太鼓判もらって帰ってきよったわ。

でもな。
じいさんたまに「味噌汁も飲みたくない」って言いよるだで、
そんなときは、お茶代わりにこんなのこさえとったわ。

梅干し白湯

クエン酸ちゅうもんは、体が疲れたときに溜まる乳酸を流してくれるらしいの。でも、すっぱいもんで口がさっぱりすりゃ、それだけで気分がよくなるもんじゃ。

おかか白湯

タンパク質ちゅうもんが多いようだでな。いつまでも若々しくいられるんじゃ。だしが出よるでの、しょうゆやら塩やら足したらただのうまいすまし汁じゃ。

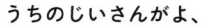

舌の上でまったり冒険

アボカドの船に乗り

ササッと 5分

アボカドはバナナと並んで栄養価の高いフルーツ。

バナナ1本で朝食になるように、アボカド半分も立派な朝食。ただ、バナナと違うのは、味を変えられること。

ここで紹介する具は、アボカドの味を引き立たせる本当においしいものばかり。一度でいいからぜひ試してみてください。スプーンですくえばいいだけだから、洗い物も減らせます。

おいしい荷物を積み込んで、
日替わり旅行の始まり始まり。

のり・わさび・しょうゆ

いざ、冒険の海へ！

我らアボカド船団は、いよいよ未知なる
大海原に旅立つこととなった。
まだ見ぬ生物、まだ見ぬ景色。
嗚呼、世界は華やかな謎にあふれている。

引き割り納豆・しょうゆ・柚子こしょう

梅干し・おかか・しょうゆ

大嵐！

航海5日目。とうとう来やがった。嵐だ。こいつは、体力勝負になるぞ。そんなときは、しょうゆ、そして梅干し。こいつらを積んでおいてよかった。汗で塩分が失われるが、こいつらのおかげで助かったぜ。

ズボラーさんの平謝り

朝、包丁も使いたくない私は、アボカドを前日に切っておきます。え？　変色するって？

レモン汁とか酢とかをかけておけばいいじゃない。え？　すっぱくなるって？

でも、人生って、ちょっとすっぱいくらいがちょうどいいものよ。

未知の動物との接触

いよいよ新大陸が見えてきた。しかし、そこに待ち受けるのは、言葉も通じない未知の動物たちだ。まったく先が見えないぜ。でも、大丈夫。俺にはマヨネーズがある。卵のタンパク質と油分で乗り切ってやるぜ。

マヨネーズ・ケチャップ・チーズトースト

明太子・マヨネーズ

キムチ・マヨネーズ

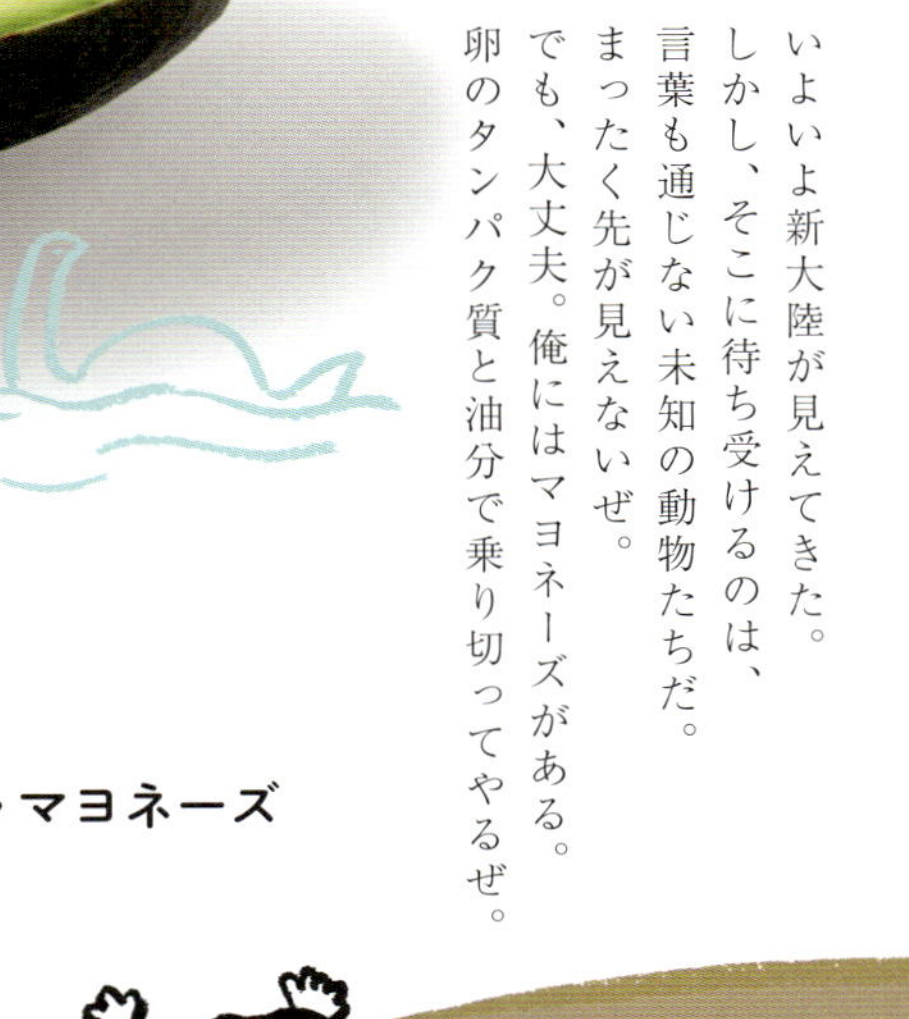

クリームチーズ・かにカマ・しょうゆ

ヨーグルト・ブルーベリージャム

温泉卵・めんつゆ・しょうが

お宝ゲット！

やったぜ！ 未知の動物との戦いを乗り切り新大陸の名産品をゲットしたぜ！
見ろよ、このキラキラ輝いた食材たち。
我が国にはないものばかりだ。
これさえ食えば、帰りの航海も余裕しゃくしゃくさ。

ズボラーさんの平謝り

冒険、おつかれさまでした。え、まだ旅立ってない？ アボカドの種の取り方がわからないから？ いや、私も最初は知らずに無駄な格闘を繰り返しましたから、恥じることはありません。半分に切ったら、種に包丁の刃元をぐさりと突き刺し、くるっとひねればハイ完成。これでどこでも行ってらっしゃい。

肩の力が抜けていく

ハーブ雑炊

ササッと 5分

朝、家から出たくない。でも体調は悪くない。そんな自覚があるのなら、原因は、心かもしれません。

幸いにも、この世界にはハーブがあります。ハーブは昔から、たくさんの人の気分を変えてきた、一種の「おまじない」です。

さらに幸いなことに、この世界には雑炊があります。ほっこり、とろとろ、食道に流れていく熱々は、こわばった心を一口ごとにほぐしていく。この世界、捨てたもんじゃあ、ございません。

鮭フレークのレモンバター雑炊

ディルで ストレス解消

特別な芳香を持つディルには、優秀な鎮静作用があります。そこに相性のいいレモンの香り。この香りだけでもスーッと心がほぐれていきます。味付けはバターと塩こしょうでシンプルに。

トマトのイタリアンチーズ雑炊

バジルで 気分リフレッシュ

偏頭痛、抗うつなどに効果的なバジル。トマトとチーズとの相性もバツグンで、おいしさという面でも気持ちを切り替えられます。生ハムをみじん切りにして入れると美味。

パプリカとひき肉のピリ辛雑炊

ミントで精神安定

胃腸の調子をととのえ、心も落ち着かせるのがミントの効能。オイスターソースとしょうゆ、ごま油で味付けし、赤唐辛子を効かせて。辛さで昂ぶり、その後、じょじょに心が鎮まります。

梅しそわさび雑炊

青じそで 食欲アップ

「食欲ないなぁ」に効くのが青じそ。そこに、梅干しの酸味で唾液を出し、ツーンとわさびで口がすっきり。これらの相乗効果で箸がとにかく進みます。味付けはシンプルにめんつゆで。

ズボラーさんの平謝り

雑炊、よく作ります。「雑に炊いた」の名のとおり、私にぴったりの料理です。でも雑炊にハーブを入れたら、もう「リゾット」って呼んでいい気がしてます。だから「今朝、何食べたの?」って聞かれたら「リゾット」って答えちゃいます。ハーブを入れなかったら? うんそれでも「リゾット」って言っちゃうかも。

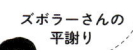

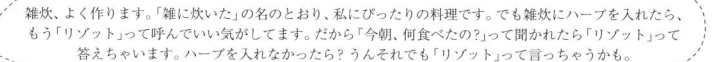

良質のタンパク質をわんぱくに摂取

納豆卵かけごはん2種

ササッと3分

筋肉の源、肉体作りには欠かせないのがタンパク質。

しかし、タンパク質を摂ろうと思うと、肉やチーズなど、脂質の多い食べ物ばかりになってしまうのが難点です。

でも、ご安心を。卵と納豆なら脂質を摂りすぎず、良質なタンパク質を大量に摂取することができるのです。

いつも「納豆かけごはん」「卵かけごはん」だけ食べているのなら、たまには2つとも贅沢にかけてみて。ごはんに納豆と卵をのせるタイプ、卵かけごはんに納豆をのせるタイプ、どちらも違ったおいしさがあります。

のせるわよっ！

混ぜるわよっ！

きっと、もっと、好きになる

納豆  事典

工場でパック詰めするとき、ネバネバは邪魔にならないの？

パック詰めしているのは、煮えた大豆と納豆菌。だからネバネバせず簡単に詰められます。その後、パックの中で熟成し、大豆を納豆にしてから出荷します。

納豆は眠っている

納豆菌は低温だと、活発には動かない。そこで、冷蔵庫から出してすぐに食べるのではなく、30分ほど常温に置き、納豆菌が活発になってから食べるのが通。

納豆はいつからあるの？

弥生時代（紀元前300年～300年）にはすでにワラがあったため、この時代から納豆はあったのではないかと言われています。つまり2000年近い歴史があるということです。

関西人に納豆が苦手な人が多いわけは？

関西は、海が近いため新鮮な食材が手に入りやすい地域でした。そのため、納豆を食す習慣が栄えず、苦手な人が増えたという説があります。ただ、最近は普通に食べる人も増えました。

納豆を食べられない人たち

日本酒を作る杜氏《とじ》は、仕込みの時期、納豆を食べられません。日本酒を作る麹米に納豆菌がつくと、麹菌が変化し、おいしいお酒を作れなくなるためです。

納豆は腐る

納豆は発酵食品。発酵とは食材に菌が繁殖しても人間が食べられるもの。腐敗とは菌が繁殖して人間が食べられなくなったもの。納豆も放置すると、人間が食べられない菌が繁殖し腐ります。

納豆があれば納豆が作れる

煮た大豆に納豆を混ぜて、納豆菌が繁殖しやすい温度（40℃）に保てば2日ほどで納豆になります。ただし、雑菌が混ざるなど失敗する可能性もあるので、作るときはよく調べましょう。

納豆は英語で何と言う？

日本の食文化が海外でも知られるようになったため、そのまま「natto」で通じるケースも増えてきました。通じないときは「fermented soybeans（発酵させた大豆）」と伝えましょう。

ズボラーさんの平謝り

夜のうちに炊飯器をセットしておけば、朝、つやつやの炊きたてごはんが私を待っている！

ごはんの熱で卵がとろりとし、噛むほどに深い納豆のうまみが広がる……。

今年のおみくじに「待ち人来たらず」って書いてあったけど、あれ嘘だから。毎朝ごはんが待ってるから。

疲れた体を元気にする影の主役

ちょい足し鉄分

鉄分は、体の機能をととのえてくれる栄養素。そのため不足すると、疲れやすくなったり肌が荒れたりしてしまいます。ですから、せっかく朝ごはんを食べるなら、ここで鉄分を摂らない手はありません。

ただ鉄分が豊富な食材は、赤身肉やあさり、うなぎなど、朝から食べるにはめんどくさいものが多いかも。というわけで、手軽な鉄分食材をお教えしましょう。

さて今日のゲストは…

ちなみに鉄分の一日の摂取量の目安は男性7mg、女性10mgです。

わたし鉄子。主原料は鉄。だから、貧血になったことがないの。
さて、まずはいつものトーストね。
基本的に、和を意識するといつもより鉄分が多く摂れるわ。
トーストだけじゃなくヨーグルトに混ぜてもいいわね。

きなこ
大さじ1（7g）0.6mg

黒砂糖
大さじ1（9g）0.4mg

ゆであずき
大さじ1（20g）0.3mg

サラダの部屋

わたし鉄子。そういえば頭痛やめまいも感じたことないわ。
次はサラダね。サラダだったら、鉄分の多いナッツがおすすめ。
納豆もいいわね。ちょっとずつコツコツ積み上げていくのが
栄養を補うコツよ。あら、コツかぶり。

納豆
30g 1.0mg

くるみ
10g 0.3mg

アーモンド
10g 0.4mg

オールマイティーの部屋

わたし鉄子。肩こりや腰痛の話が、痛み自慢にすら聞こえるほど無縁です。
さあ、最後はどんな料理にも使えそうな鉄分豊富野菜を紹介するわ。
スープにポン。メインの横にポン。
どんなメニューにも合いやすいから便利よ。

ゆでほうれん草
20g 0.2mg

ゆで小松菜
20g 0.4mg

ルッコラ
10g 0.2mg

ズボラーさんの平謝り

きなこ黒砂糖あずきたっぷりトーストに、納豆くるみアーモンドをのせたルッコラた〜っぷりのサラダ、ゆでほうれん草と小松菜をマヨネーズで。これで、合計4mg⁉ 全部食べれば、1日の半分近く摂れちゃう。あー、計算したら、疲れちゃった。鉄子、助けて。

寒い日も、カイロ不要の温かさ

体の芯から ぽかぽかスープ

寒い日の朝。がんばってふとんから這い出たあなた。でも、もう1つハードルがありました。そう、玄関です。

寒すぎて家を出るのがツラい。そんな朝、背中を押してくれるのがこのスープです。

マフラー、手袋、カイロ。外側から温めるだけでは、外へ出る勇気がなかなか湧いてきません。でも、体の中から温めておけば、怖いものなしなのです。

豆乳キムチスープを飲む

白菜に絡んだ辛みが、体の中で温かみに変わります。豆乳（1カップ）、水（1/2カップ）に味噌（大さじ1）、しょうゆ・ごま油（各小さじ1）を混ぜ火にかけます。煮立つ前にざっくり刻んだキムチ（70 g）を入れ、ひと煮立ちで完成。

恥ずかしいことを思い出す

思い返すだけで、顔が真っ赤になるような恥ずかしいこと。誰にも1つくらいはあると思います。恥じましょう。恥じて温まりましょう。

発見！温め大図鑑

からし入り オクラ味噌汁を飲む

抜ける辛みが交感神経を刺激し温まります。

小口切りにしたオクラ（4本）を水（1と1/2カップ）で煮ます。煮立ったら弱火にし、乾燥わかめ（小さじ1）を入れ、味噌（大さじ1）を溶きのばし、器に盛ったらからしを添えて完成。

運動する

動けば、体は温まります。当たり前ですね。

とろみかきたま汁を飲む

とろみを付ければ、体の中でもぽかぽかが持続。

水（1と1/2カップ）、オイスターソース（大さじ1）、しょうゆ（小さじ1/2）、豆板醤（小さじ1/4）を火にかけます。薄切りにしたしいたけ（2枚分）を加え、煮立つ前に水溶き片栗粉（片栗粉・水、各大さじ1）を入れてとろみ付け。煮立ったら溶いた卵を回し入れ、10秒待ってから大きく混ぜて完成。

好キナ人ヲ思フ

会いたくて震えるので、体が温まります。

忘れられた主食

お餅の逆襲！

お餅はお正月に食べるもの。この固定概念ゆえに、ほかのシーズンに手を伸ばしづらくなってしまっている、ある種、不遇なお餅。

しかし！　腹持ちの良さ、手軽さ、さまざまな食材との相性の良さ、そして何よりもちもちの食感。忘れられたパワーフード。それがお餅。

今こそお餅のパワーを見せつける好機なのだ！

フライパンで焼いてみよう

切れ目の入ったお餅なら、7〜8分で焼き上がり。
余熱時間が必要なオーブントースターよりも短い時間で焼け、
さらに表面のカリカリ感と中のもちもち感もアップ。

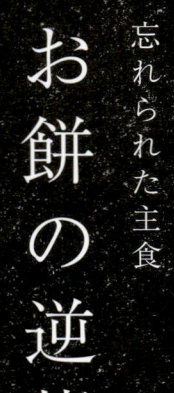

OMOCHI WARS
EPISODE V

多くの人が特定の季節しか食さないお餅の現実。
しかし、お餅はその地位に甘んじてはいない。
甘い、しょっぱい、すっぱい、すべての味に対応できる素晴らしい食材、
お餅は、虎視眈々と一年を通して食卓に並ぶことを目指していたのだ。

時は来た。今こそお餅を常食するのだ。

お餅の逆襲が、今、始まる。

Sato Joyu

砂糖じょうゆ

砂糖じょうゆと聞くだけでお餅が恋しくなる人もいるはず。ぱらりと落とす七味はお好みでいいのだ。

Syoyu Cheese Nori

しょうゆチーズのり

お餅の基本ともいえるしょうゆ＆のりにチーズをプラス。そう、あのチーズあられが柔らかいお餅で食べられるのだ。

Shittori Goma-shio Sato

しっとりごま塩砂糖

ぬるま湯をくぐらせてなめらかになったお餅にまぶされたごまと塩と砂糖。その味わいは、まるで中華料理の定番デザート、ごま団子なのだ。

Negi Shio Goma-abura

ねぎ塩ごま油

ごま油に塩。今はなきレバ刺しのたれ。でも、お餅にして食べると、そのおいしさが十全に味わえるのだ。

おしゃれで可愛い朝ごはん

おしゃれは、人からちょっとよく見られる。だけでは終わりません。
むしろ、これは、おしゃれが持つ力の中でも、かなりちっぽけなこと。
おしゃれは、他者の目よりも、自分の心に大きな影響を与えます。
まず、ちょっとしたおしゃれで見た目が大きく変わると、テンションが上がります。
テンションが上がれば、いろいろなことがうまく回ります。
物事がうまく回ると、人から信頼されやすくなります。
このように、おしゃれには、人生そのものを好転させる力があるのです。
毎日続ける必要はありません。
だって、毎日、おしゃれな朝ごはんを作っていたら疲れちゃいますから。
なんとなく、冷蔵庫にミニトマトがあったとか、
そういう些細なきっかけを感じたときに作ってみればいいのです。
この「たまのおしゃれ」が、逆に新鮮で、より気分が盛り上がるのです。
そして、盛り上がった気分のままに、写真をパシャ。
あ、なんかしあわせな朝ごはんって感じがする。
あ、なんかしあわせな一日が訪れそうな感じがする。

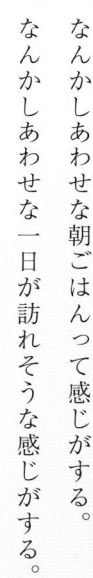

おしゃれって何？

おしゃれ朝ごはんの正体大解剖

ネットを見ると、作品のような朝ごはん写真がずらりと出てきます。あまりに見事で、いったいどうすればこんなに可愛い「作品」になるのか、さっぱりわからない。

そんな疑問にお応えして、おしゃれ朝ごはんの身ぐるみをはがしていきましょう。

センスは不要。すべて方程式があるんです。ちょっとしたコツをおさえるだけで、

これがおしゃれの方程式

「え？　これホントに私が作ったの？」なんて気持ちになれますよ。

絵の具のように色を足す

「わあ可愛い!」の「わあ!」を生むのがやっぱり彩り。茶色や白だけでできた絵だとあまり華やかではないので、野菜の赤や緑、卵の黄色など、元気な色の絵の具で絵を描くようにします。

平たいお皿で撮影ポイントを増やす

直径24〜26㎝程度の平たいお皿だと、キャンバスとして最適。椀状のものよりいろんな角度から撮ることができます。また、リム（縁）の部分が狭いほうが、盛りだくさん感が出ます。

こまごまおかずで高級感

おかずを多くするとそれだけで高級感が出ます。大きなものの間に小さなものを置くなどしてにぎやかに。

フルーツとヨーグルトは万能

食べてよし、飾ってよしのフルーツ＆ヨーグルト兄弟。ヨーグルトの白さは朝らしく晴れ晴れしいですし、フルーツのキラキラした透明感は、生命力を感じさせます。手軽なのも魅力。

お皿の上にカップをのせる

見たことはあっても意外とやったことがない。それが、お皿onカップ。こうすることで、平面の世界に立体感が生まれ、全体の中のアクセントにもなります。

ズボラーさんの平謝り

朝からこんなの無理! 無理無理! セレブじゃあるまいし!
ん……？ よく見ると、ただのパン、ただの卵、ただのアボカドじゃない?
なあんだ。誰でも作れるじゃん。あとはやる気。やる気さえあれば。

洗い物少ないのに、なんだこのおしゃれ

ワンプレートレッスン

ワンプレート朝ごはんは、見た目の可愛さと洗い物の少なさを両立できる、1つの発明。その盛り付け方には、大きく分けて2つの方向性があります。お皿は、キャンバス。食材は、絵の具。盛り付けは、あなたの描く絵画です。

松花堂弁当をめざす

まずは、頭の中で器を縦横に区切りましょう。そして、区切ったスペースそれぞれに、ごはんとおかずを置いていきます。ポイントは、それぞれの仕切りの境界線がはっきりと見えるように隙間を埋めていくこと。秩序のある美しさになります。

マクロビランチをめざす

洋食の場合、主食をメインに置いて、そこにくっつけるようにメインのおかずを配置。副菜は、和食とは逆に、隙間をあけずに置きましょう。密度が高いのでボリューム感が出ます。

野菜の力を集結させて

ちょい添えサラダカタログ

どんなに質素な朝ごはんでも、差し色をポンと入れるだけで、見た目が驚くほどに変わります。でも、差し色ってどう入れればいいの？　こんな感じで入れればいいのです。

3つのキラーアイテム

ミニトマトマリネ

半分に切ってオリーブ油で和えてマリネに。切ることでトマトの赤にグラデーションが生まれて、より美しく見えます。

まるごとコロリは、
おしゃれじゃない

水菜の２本使い

完成した料理にスッと水菜をのせるだけ。緑のさみしい朝ごはんを作ったときに効果的です。

わさわさのせるだけだと、
ただただ無難です

花パプリカ

3色の小さめパプリカを輪切りにしてサラダに。見た目がカラフルなので、何に添えても映えます。

パプリカの、
形のよさを活かしてあげて！

2アイテムでカラフル！

きゅうり＆ミックスナッツ

きゅうりは少し皮をむくと緑に濃淡が出てポップに。ナッツは形に個性があり動きも出ます。

グリーンリーフ＆ドライフルーツ

グリーンリーフのふわっとエレガントな感じに、ドライフルーツが宝石のようにキラリ。

ベビーリーフ＆カッテージチーズ

ベビーリーフの、余裕あるふわふわ感は朝ごはんをボリュームアップしてくれます。カッテージチーズはヘルシーで野菜とも絡みやすいんです。

ブロッコリー＆コーン

コーンの黄色と、ブロッコリーの緑が鮮やかで、元気な朝を演出したいときにぴったり。お子さんにも喜ばれます。

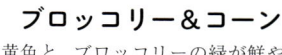

ファッションスナップ

食パン

コーディネートに困らないのが最大の魅力。
レイヤーを重ねればガーリーな雰囲気を生み出し、
シンプルに使えばマニッシュに見せることもできる。
ぜひ、おさえておきたいアイテム。それが食パンだ。

← 4等分

大胆に切り込みを入れたクォータースタイル。そのまま並べてもいいが、少し重ねて置くことで、コケティッシュな印象を与えられる。あらゆるアイテムに添えやすい。

↑ 細切り

スマートさを出したいときにはコレ。上にのせるアイテムに変化をつけることで、ポップからディップまで幅広く着こなせる。

三角切り →

スーツの胸からのぞくチーフをイメージ。日本古来のおにぎりタイプ、ともいえる。本来の白を活かしたコーデもいいが、ときには焼いて茶をベースにしたコーデも。

9等分 →

アンギュラーにカットして食パンの可能性を広げる。スープに落としてワンポイント。スピナッチやベーコンと炒め合わせても。

パンの切り方

フランスパン

かため、つまりフォーマルな印象が強いため、
使い切ることを難しく感じる人も多いかもしれない。
しかし、長い歴史が、これほどまでにカジュアルな
使い方を生み出してくれた。
フランスパンは「まだこんなに残ってる……」から
「え、もう終わり?」の時代へ。

舟型 →

シップライクな新スタイル。ベーカリーでは見かけるけれど、みずからチャレンジする者は少ない。しかし、さまざまなアイテムをオンできるのは明白。今こそ壁をぶち破りカットするべき!

↑ 輪切り

素材の持つ本来の持ち味を引き出せる、スタンダードなリングカット。どんなアイテムとも合わせられるパーティースタイルが魅力。

← ハート切り

エッジ部を斜めに切り落とし、エッジに切り込みを入れて開くことで完成。フランスパンにおけるブリリアントカット。

スティック →

縦横に切りスティック状に。フランスパンが本来持つかたさを活かすこのスタイル。アイテムを塗るのもいいが、ディップでトップを飾るのが今風。

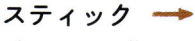

そんなに難しいことじゃない

スタイリングの楽しみ方

スタイリングがうまくなる最大のコツは楽しむこと。そこで、ここでは使うだけで楽しくなる役立ちアイテムをご紹介。

　これらを使ってスタイリングしても、1つの効果は小さいかもしれません。でも、楽しい気持ちは積み重ねることで、プラスではなく、倍々に増えていきます。つまり、使えば使うほど楽しみながらスタイリングが上達します。

コースターは、いろいろあると便利

コースターは、意外と役立つ彩りアイテム。ただ、スープをグラスに注いだだけでも、コースターを敷くと料理を作った感が出せます。さらに、コースターを置けば、グラスに置き場を与えるので、食事の姿勢もどこか美しく見えるようになります。

脚付きグラスでキラキラ輝く

脚付きのグラスは、普通のグラスよりも高級感が演出できます。飲み物を注ぐだけではなく、オードブルやサラダ、スティック野菜の入れ物としても使えます。これらを脚付きグラスに入れれば、野菜たちもキラキラ輝いてきれい。

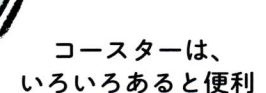

曜日ごとにテーマカラーを決める

眠りは暗闇の世界。そのため、朝から色を考えることは、脳に刺激を与えて、目覚めのスターターになります。また、自分が選んだ色で空間が埋められていくと、それだけで気分が上がります。「疲れてきた水曜日は元気な赤!」など、自分のリズムを刻んで。

ラッキースティックを作る

つまようじにマスキングテープを巻いて作る旗。お皿を変えたりマットを変えるのは平面的な楽しさですが、これは立体的な楽しさ。3次元でスタイリングすることで、食卓の空気はさらに変わります。パンにただ刺すだけでもOKです。

野菜に抜き型を使う

形が変わる。それだけで野菜はグッと可愛くなり、また、自分自身も楽しくなるものです。まずは、1つだけ買ってみてください。それだけでも結構便利に使えることがわかると思います。これにハマれば、抜き型を買うこと自体も楽しみに変わります。

ズボラーさんの平謝り

ズボラーさんもおしゃれに興味あるの? って、失礼ね。私だっておしゃれには興味ありますよ。だって、可愛いと、テンション上がるじゃない。テンション上がると、目が覚めるじゃない。目が覚めると、生きるじゃない。そう、生きるための、おしゃれなの。

カメラくんが教える
写真の撮り方講座

まずはこの写真を見てね

いったい、何が悪いかわかるかな？
わからなくても結構。
じゃあ、次にこの写真を見てみよう。

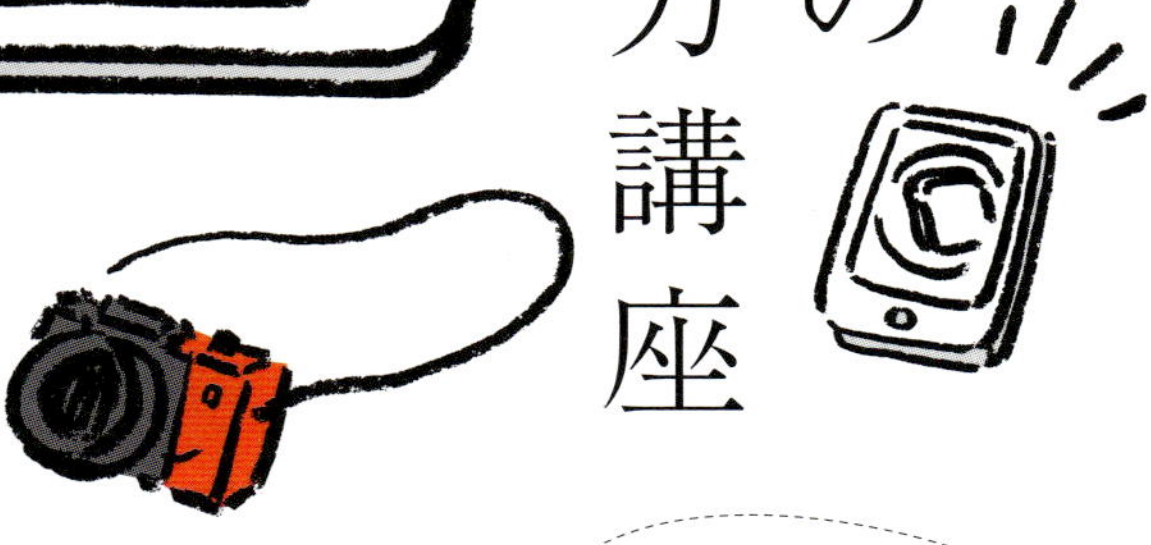

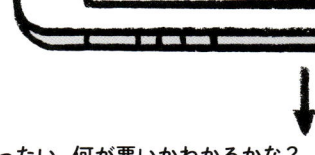

視点を下げて撮るだけで、
迫力がある写真になります。
手前のメイン食材にピントを
合わせるのもポイントだよ。

縦にして、メイン以外のものを思いきって脇役にするのも◎。
上の空間に空きを作ることで、
グッと奥行きが生まれた写真に変わります。

どちらの写真も「ラクな姿勢で撮ろうとしないこと」が大切だよ。
自分がツラい体勢にならないといい写真は撮れない。そう考えてください。

撮り方のコツいろいろ

ライティングで料理を明るく

奥は明るいのに、肝心の料理が暗くなってしまう。そんなときはこれ。ペーパーを光が反射するように置いてみて。たったこれだけで、ペーパーの白が光を反射してレフ板の役割を果たすんだ。

真俯瞰で撮るときは

最後はこれ。真上から撮った写真。メインのお皿を中央に置いて撮ってみたけど、どこか味気ないよね。

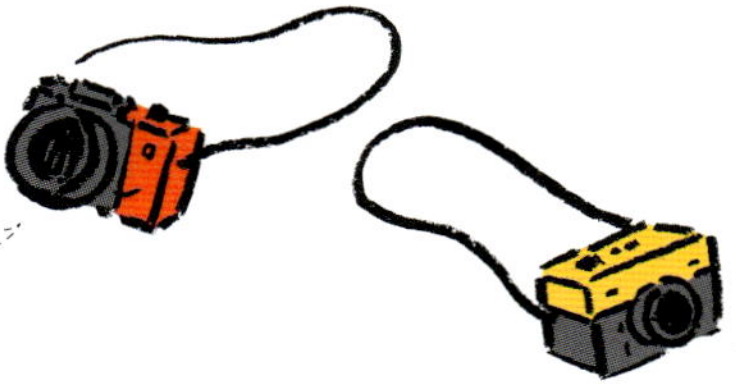

そこでこれ。お皿からフォークまでを一枚の写真として捉えて、お皿を中央からズラしてみたんだ。どう? これだけでもバランスよくなったよね。

とりあえず、ここで紹介したのは、基本中の基本テクニック。写真の世界は奥が深い。まずはこれで良い写真が撮れたと思ったら、いろいろと試行錯誤して撮ってみよう。

にっこり笑って「いってらっしゃい」

メッセージ朝ごはん

朝、家を出るまで、あなたはどんな顔をしていますか。ずっと無表情？　眉間にしわが寄っている？

この「メッセージ朝ごはん」は、そんな朝に、口角を上げる機会をもたらす朝ごはんです。

朝、ふふふっと笑うようなことがあった。そんな笑顔から始まる一日なら、どんなにツラいことがあっても、きっと強くいられるはずです。

ヨーグルトアート

平皿に盛ったヨーグルトに、ジャムなどを使って絵を描いていきましょう。難しい絵ではなく、簡単な絵でも、きっと食卓に笑顔がこぼれます。

落ち込んでいる
家族や自分に

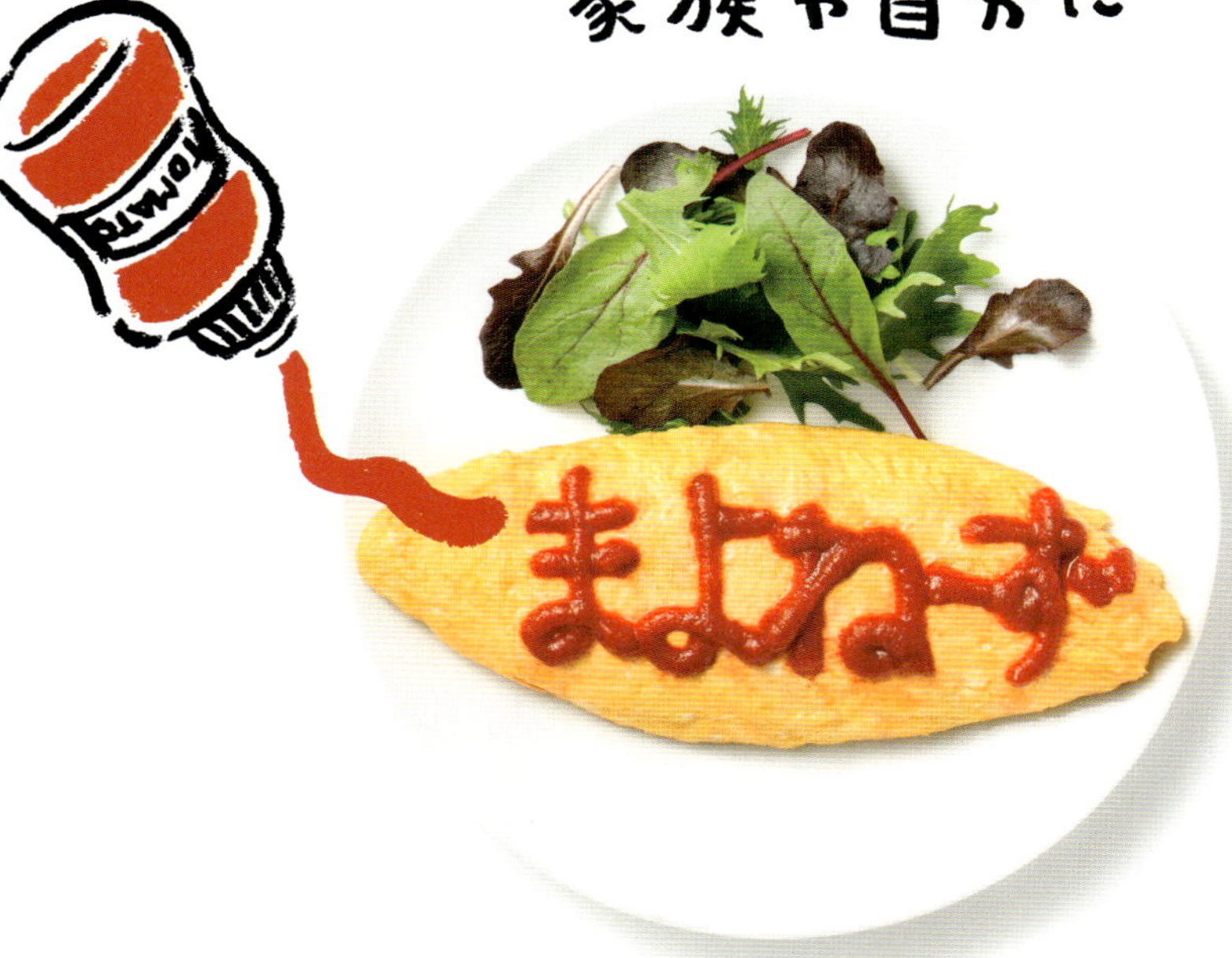

試験前の子どもに

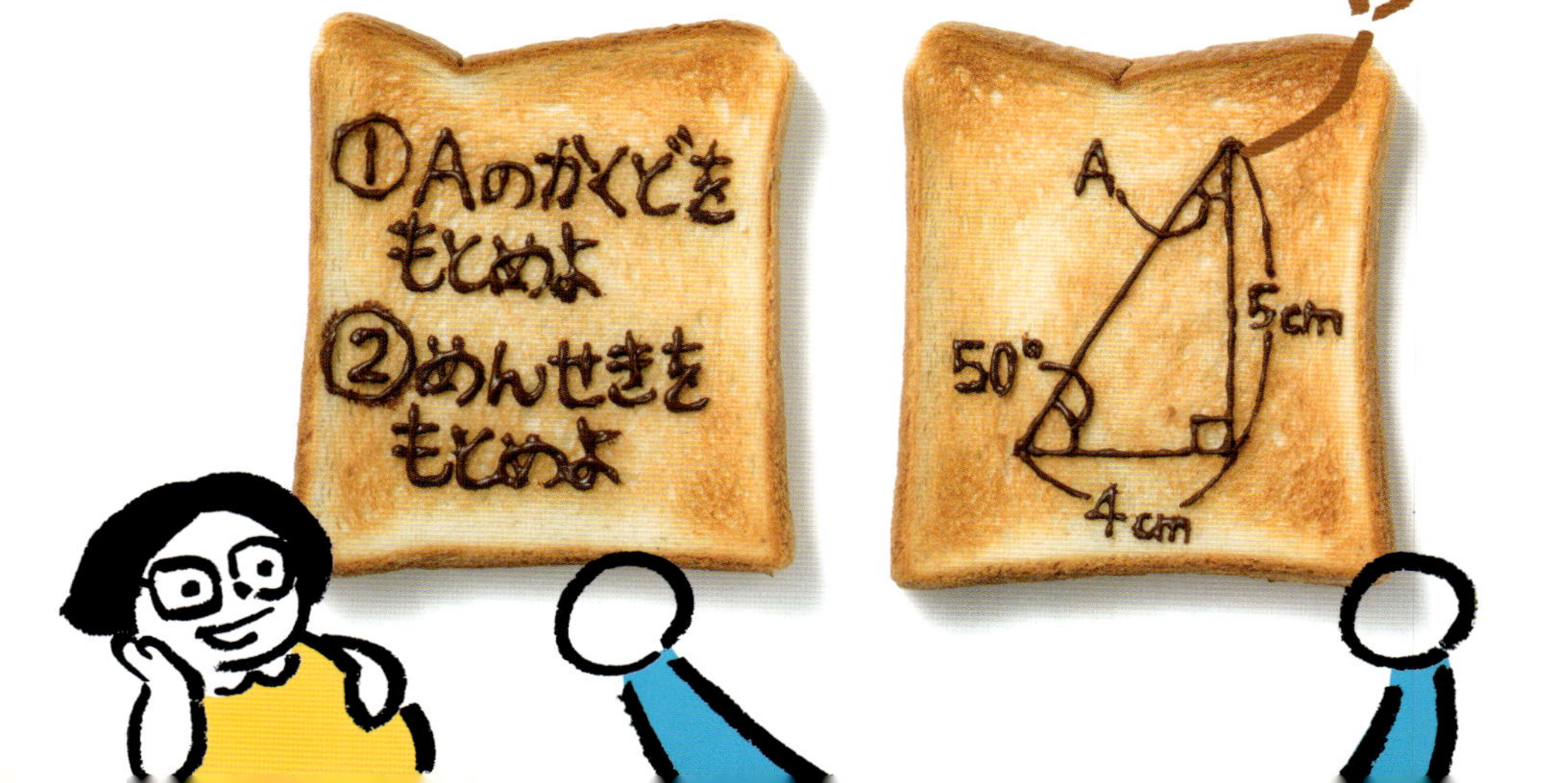

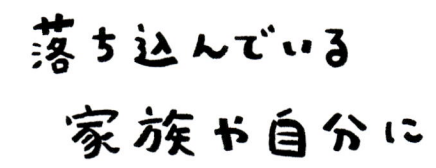

食感で選ぶ朝ごはん

朝ごはんを選ぶときの基準。ラクか？ 好きか？ 栄養か？
いろいろあると思いますが、たとえばこんな選び方はどうでしょう？

とろっ

もちっ

ふわっ

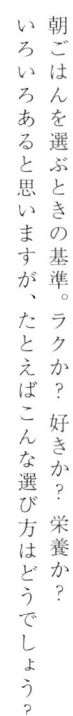

パリッ

シャキッ

サクッ

ポリッ

朝ごはんは、食べられる「希望」

一日の始まりに食べる朝ごはん。

なんとなく大切そう。

そう思っている人が多いことでしょう。

「ちゃんと朝ごはんを食べなさい」

そう言われた記憶は、誰にでもあると思います。

でも、そんな記憶から「食べなきゃ」と義務感で食べているなら、
これほどもったいないことはありません。

だって、朝ごはんは「食べられる希望」。
食事は体を作るだけじゃなく、心も作ってくれるのです。

もし、一日の始まりが「楽しい！」「おいしい！」から始まったら、
その日はどのように変わるでしょう？
ものすごく大きな変化はないかもしれません。
でも、小さな変化、小さなしあわせが、
自分の元を訪ねてくれます。
その小さなしあわせが毎日積み重なったら……？

さぁ、フォークを持って、スプーンを持って、
今日の自分を生かしてくれる、力を与えましょう。
あなたがこれから口に運ぼうとしているもの。
それは「食事」の形をした「希望」です。
そう、だから、いただきます。

ズボラーさんの たのしい朝ごはん

2016年12月6日　第1刷発行
2017年1月16日　第3刷発行

料理　小田真規子
文　大野正人

AD　三木俊一
デザイン　中村妙（文京図案室）
イラスト　仲島綾乃
撮影　志津野裕計、大湊有生、石橋瑠美（クラッカースタジオ）
スタイリング　本郷由紀子
調理スタッフ　清野絢子、長谷川舞乃（スタジオナッツ）
カメラアドバイス　志津野裕計
ズボラーさん（文）　谷綾子
校正　株式会社文字工房燦光
編集　谷綾子

発行者　山本周嗣

発行所　株式会社文響社
〒105-0001　東京都港区虎ノ門1-11-1
ホームページ　http://bunkyosha.com
お問い合わせ　info@bunkyosha.com

印刷　株式会社廣済堂
製本　大口製本印刷株式会社

ISBN 978-4-905073-69-7
Printed in Japan
この本に関するご意見・ご感想をお寄せいただく場合は、郵送またはメール（info@bunkyosha.com）にてお送りください。

小田真規子（おだ まきこ）

料理家、栄養士。スタジオナッツを主宰し、レシピ開発やフードスタイリングの他、中学校技術・家庭教科書（平成28年度）の料理監修などさまざまな食のニーズに携わる。「誰もが作りやすく、健康に配慮した、簡単でおいしい料理」をテーマに著書は100冊に上り、料理の基本とつくりおきおかずの本は、ベストセラーに。雑誌「オレンジページ」「ESSE」や、NHKテレビ「あさイチ」では定期的にコーナーを担当、わかりやすいレシピにファンも多い。著書に『料理のきほん練習帳（1・2）』（高橋書店）、『つくりおきおかずで朝つめるだけ！ 弁当（1〜4）』（扶桑社）、本書の第1弾『一日がしあわせになる朝ごはん』（文響社）は2016年料理レシピ本大賞in Japan準大賞を受賞。

大野正人（おおの まさと）

文筆家。絵本作家。1972年東京都生まれ。論理的かつ深い視点から、誰にでもわかりやすく執筆する技術を持ち、携わった書籍の累計売上は300万部を超える。児童書『こころのふしぎ なぜ？ どうして？』（高橋書店）を含む「楽しく学べるシリーズ」は累計200万部を突破。著書に『夢はどうしてかなわないの？』『命はどうしてたいせつなの？』（汐文社）など。